KLARTEXT

Bildnachweis:
Imago: /snapshot S. 4/5, 55, 62, 63, 69, 74, 110; /Future Image S. 6/7, 39, 61, 66/67 u., 115; / Dirk Jacobs S. 10/11, 12/13, 18/19, 20/21, S. 34, 46/47, 57, 59, 71, 95, 100; /isslerimages S. 29; / BRIGANI-ART S. 30; /Eibner S. 32; /Gonzales Photo S. 42; /Fotostand S. 79; /Allstar S. 87; dpa/picture alliance: /Carsten Rehder S. 26, 66/67 o., 79, 93; /Axel Heimken S. 85; NDR/ Thorsten Jander S. 103; Wikipedia: /Andreas Lawen, Fotandi_CC BY-SA 3.0 S. 64; Marc Halupczok S. 113

Bibliografische Information der Deutschen Nationalbibliothek
Die Deutsche Nationalbibliothek verzeichnet diese Publikation in der Deutschen Nationalbibliografie; detaillierte bibliografische Daten sind im Internet über portal.dnb.de abrufbar.

Impressum
1. Auflage April 2024
Layout und Satz: Guido Klütsch
Lektorat: Torsten Wellmann
Umschlagabbildungen: Sarah Quast (Porträt), picture alliance/dpa/Axel Heimken (2), Imago/teutopress, Wikipedia/Sven Mandel CC BY-SA 4.0, Adobe Stock/Sambucca Mai, privat
Druck & Bindung: Linsen Druckcenter GmbH, Siemensstraße 12-14, 47533 Kleve

ISBN 978-3-8375-2506-9

KLARTEXT

Jakob Funke Medien Beteiligungs GmbH & Co. KG
Jakob-Funke-Platz 1, 45127 Essen
info.klartext@funkemedien.de
www.klartext-verlag.de

Druckerzeugnis
www.natureOffice.com/DE-706-MYY8YMY
klimaneutral
durch CO2-Ausgleich

FSC
www.fsc.org
MIX
Papier aus verantwortungsvollen Quellen
FSC® C108224

Marc Halupczok

Wacken

**Populäre Irrtümer
und andere Wahrheiten**

Inhalt

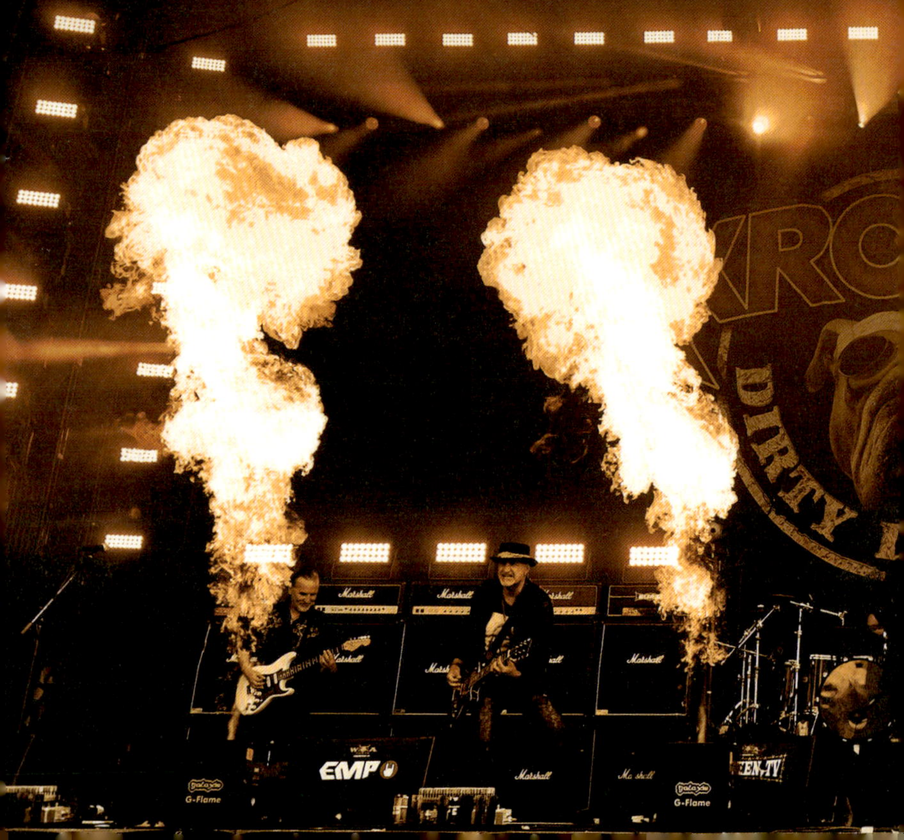

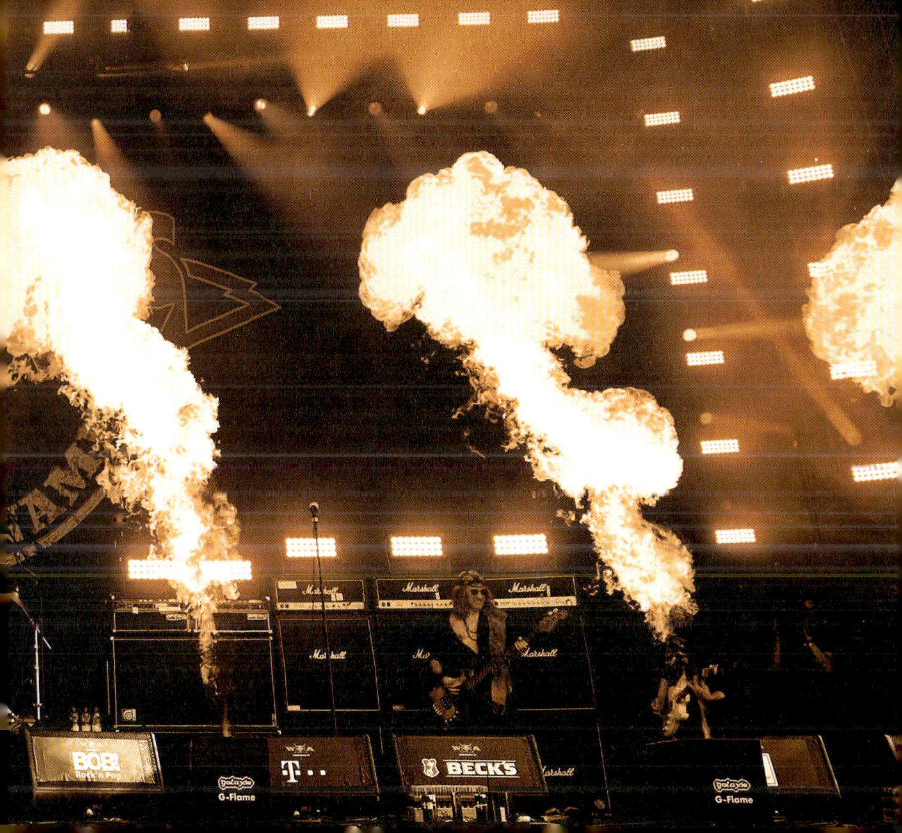
Marshall
Marshall
Marshall
BOB! Rock'n Pop
BECK'S
G-Flame
G-Flame

Zum Geleit

Es gab mal eine Zeit, in der das Wacken Open Air eines von vielen Heavy-Metal-Festivals in Deutschland war. Die Szene sah 1990, dem Jahr des ersten W:O:A, allerdings noch ganz anders aus als heute: Die Konzertreihe „Monsters of Rock“ steckte aufgrund diverser Ausschreitungen im Umfeld in einer Krise. Davon abgesehen gab es kaum Festivals, die am immer gleichen Ort verlässlich jedes Jahr stattfanden. Und über mehrere Tage schon gar nicht. Um 1990 herum versuchten sich viele Amateure daran, Metal-Festivals in ihrer Gegend zu organisieren. Die meisten scheiterten schon beim ersten Mal an der Organisation und vor allem am Geld.

So wie die Macher des „Crossover-Festivals am Tankumsee“, die 1991 Extreme, Mr. Big, White Lion, Sodom, Tankard und diverse andere bekannte Bands in die niedersächsische Einöde lotsten und gleich am ersten Abend mit der Kasse verschwanden. Thomas Jensen und Holger Hübner starteten zwar nicht ganz so dilettantisch, aber ihr Weg aus der Wackener Kiesgrube bis zur Verleihung des Verdienstordens des Landes Schleswig-Holstein war ebenfalls von Katastrophen und Beinahe-Bankrotts gepflastert.

Doch wie konnte es passieren, dass die Zusammenkunft von ein paar hundert Rockfans im Nirgendwo zum deutschen Kulturgut mutieren konnte, von dem das ZDF live berichtet und das Ministerpräsidenten wie Tatort-Kommissare anlockt? Ein einsamer Acker und seine tausend Geheimnisse.

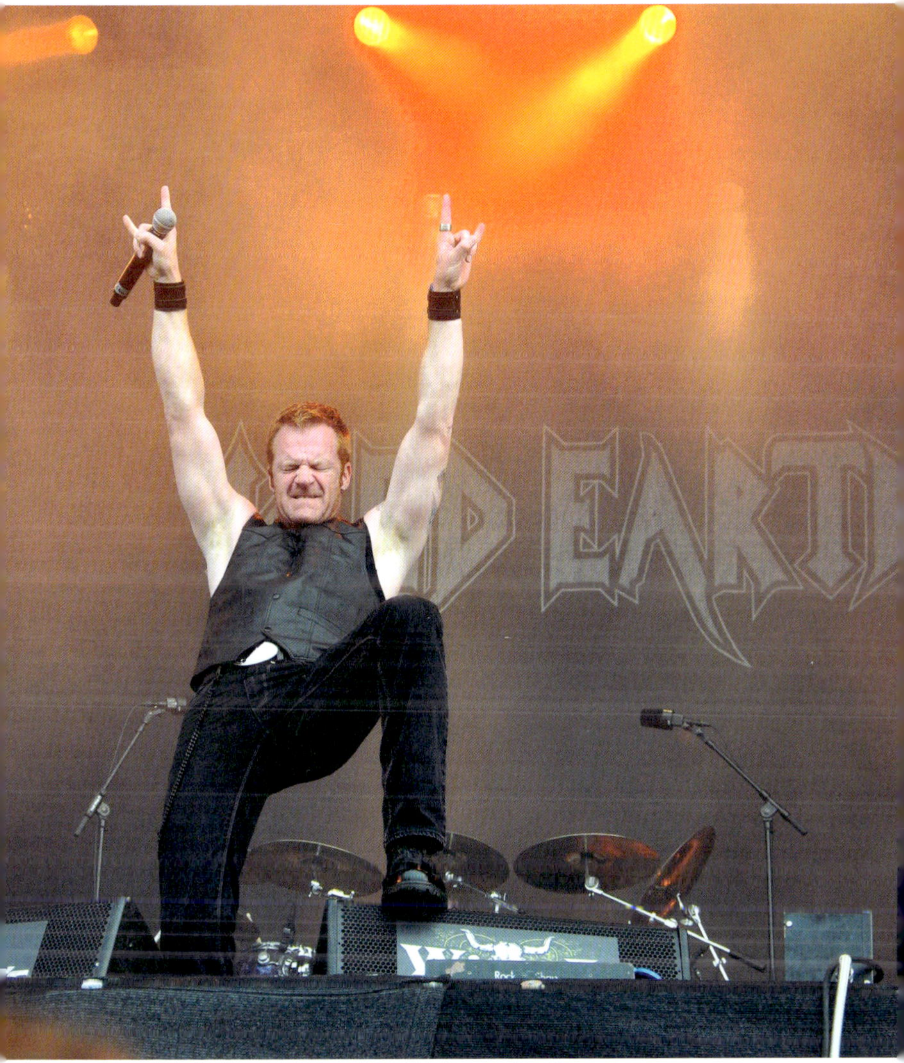

Matthew Barlow beim 22. Wacken Open Air im Jahr 2011

AHA!

Auf Kies gebaut

Wer zu den glücklichen Menschen zählt, die in den Sechziger- bis Achtzigerjahren des letzten Jahrhunderts aufwachsen durften, wird sie kennen: Kiesgruben oder Kieskuhlen. Diese unscheinbaren, oft nicht mal besonders großen Gruben mit wenigen Metern Höhenunterschied gab es quasi überall, oft wurde ein bisschen gebuddelt und das Gelände dann für Jahre und Jahrzehnte einfach brach liegen gelassen. Diese Orte waren die Playstation der oben genannten Generationen. Klingt sehr analog, und das war es. An diesen Plätzen waren die Eltern weit weg, hier konnten wir alles sein, was wir wollten. Cowboys in der Prärie, Astronauten auf dem Mond, Soldaten im Kriegseinsatz. Im Sommer flogen Wasserbomben, zum Jahreswechsel die Böller. Was für ein Spektakel. Tatsächlich waren diese Gruben nicht ganz ungefährlich, die Wände der Aushubkrater konnten einstürzen, in dem Sand-Kies-Gemisch versteckten sich manchmal extrem scharfe Steine. Tatsächlich hörte man immer mal wieder von Kindern, die beim Spielen in so einer Kuhle verschüttet wurden. Deshalb musste man Mutti auch immer ganz brav versprechen, nicht dort zu spielen, um schließlich doch wieder hinzugehen, weil die anderen ja auch alle da waren. Getrackte Handys, um den Standort der eigenen Brut zu überprüfen? Nicht mit unseren Generationen. Wir dachten bei Microsoft maximal an ein kleines Softeis.

Wenn die jüngere Generation genug gespielt hatte, kamen die Älteren auf ihren Mofas angeknattert. Auf dem Soziussitz ihrer pluckernden Maschinen die erste Freundin, zwischen den Beinen einen Konti Bier und einen Kassettenrekorder. In der Dämmerung waren sie die Hausherren, sie ließen Maiden und Motörhead aus den Boxen schallen, entzündeten ein Lagerfeuer (was selbst im Hochsommer ungefährlich war, es gab ja nur Sand rund herum) und waren cool. So lief es um 1990 herum zumindest im südlichen Norden, im niedersächsischen Gifhorn, ab. Aber im nördlichen Norden in Wacken dürfte es ähnlich gewesen sein.

Und warum dieser verklärt romantische Abriss einer Kieskuhle in diesem Buch? Weil genau so eine die Keimzelle des Wacken Open Air bildet. Die beiden Freunde Holger Hübner und Thomas Jensen kommen 1989 auf die Schnapsidee, ein Heavy-Metal-Festival in ihrem Kaff zu starten. Die Sause soll unter freiem Himmel stattfinden, Jensen mit seiner Band Skyline auftreten und Hübner nach den Live-Bands „rockige Scheiben" auflegen. Der Mann ist nicht umsonst DJ, der so genannte „Discs" abspielt. Ja, im Jahr 1990 hat die Zukunft mit der CD längst begonnen. Als Veranstaltungsort fällt den beiden die örtliche Kieskuhle ein, die aber fest in der Hand des Motorradklubs „No Mercy's" ist. Die feiern hier seit 1985 ihre Feten, nach eigenen Angaben weniger musiklastig, dafür aber mit Stripperinnen und Biker-Spielen. Da die Überschneidung zwischen Motorradfahrern und Metal-Fans gegeben ist, Skyline ohnehin öfter bei den Bikern auftreten und man sich kennt, tragen Hübner und Jensen ihre Idee vor und finden Gehör.

Die 1978 gegründeten „No Mercy's" unterstützen sogar beim Aufbau, übernehmen Security-Aufgaben und graben sich damit ungewollt ihre eigene Festivallocation ab. Denn obwohl die erste Ausgabe mit ausschließlich lokalen Bands (von denen keine größere Bekanntheit erlangen wird, von Skyline mal abgesehen) mit späteren Zahlen verglichen „nur" 800 Fans zieht, schreitet die Gemeinde ein. Zwei Krachfeste pro Sommer sind für die Anwohner eins zu viel. Die „No Mercy's" müssen sich einen neuen Platz suchen und konzentrieren sich wieder stärker auf das Motorradfahren, unterstützen das Wacken Open Air aber weiter. Sauberer Zug von den Bikern.

Unglaublich, aber wahr, die „No Mercy's" gibt es bis heute. Der Club wurde durch die Geschichte des Festivals quasi bundesweit berühmt, was man mit einem Lächeln zur Kenntnis nimmt, und bügelt auch heute noch durch die norddeutsche Flachebene.

Das Wacken besuchen die Jungs und Mädels des Vereins zum großen Teil nicht mehr (Tenor: zu kommerziell), aber man fühlt sich immer noch freundschaftlich verbunden. Schließlich wissen die Originalmitglieder ganz genau, wo die Macher des Festivals ihre ersten Ideen herhatten. Helgo, eines von sieben Gründungsmitgliedern der „No Mercy's", gibt dem Kradblatt, Ausgabe 07/14, ein kleines Interview zur Entstehungsgeschichte und meint: „Thomas Jensen und Holger Hübner von Skyline haben sich das

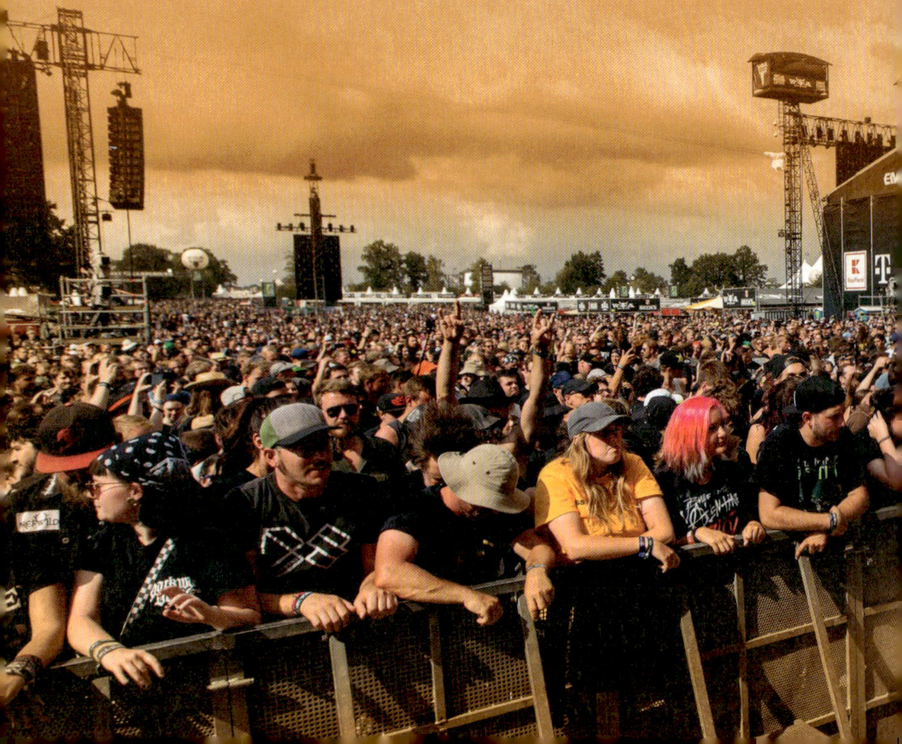

Konzept unserer Feten angesehen und praktisch kopiert – vielleicht etwas musiklastiger. Die hatten auch die gleichen Anlaufschwierigkeiten wie wir. Der bedeutende Unterschied war nur, dass sie einen besseren Draht zu der Gemeinde und dem Bauern hatten, auf dessen Wiesen das W.O.A. heute noch stattfindet ... Aber wir freuen uns darüber, dass wir in der Geschichte vom W.O.A. erwähnt werden. Das ist ja auch eine gute Sache. Die ganze Region profitiert davon."

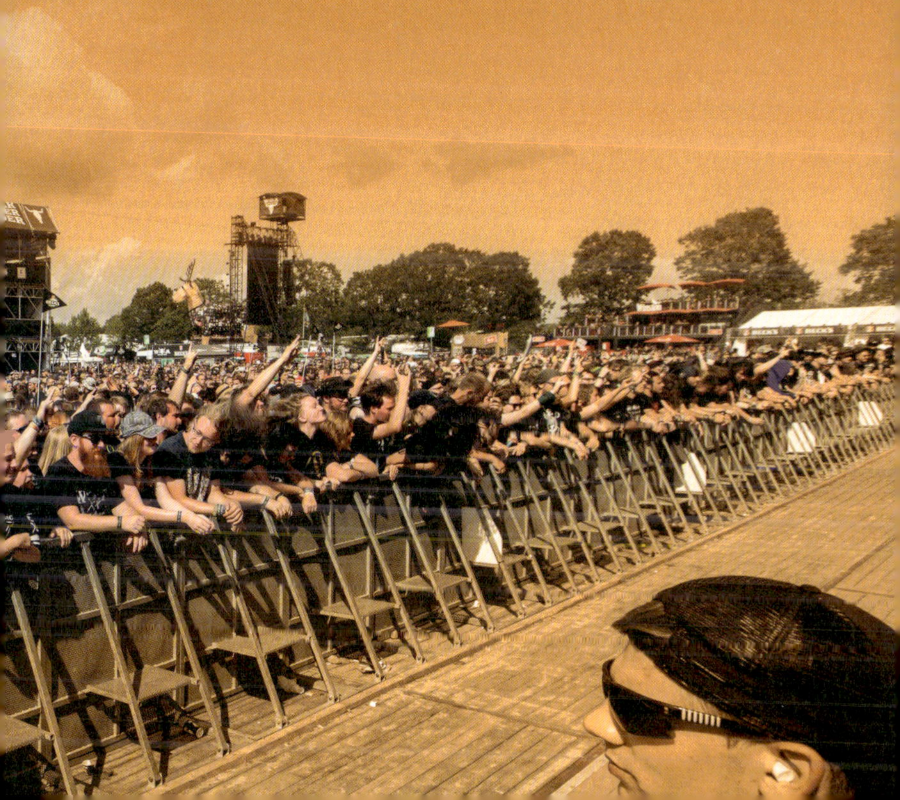

Treffen der Kulturen

Das Zusammenleben verschiedener Kulturen ist nicht immer einfach. Verschiedene Ansichten, Gewohnheiten, Traditionen und Überzeugungen treffen aufeinander und münden im schlechtesten Fall in Streit. Das Wacken Open Air beweist seit vielen Jahren, dass es auch anders geht.

Klar, ein Festival ist ein temporäres Zusammenleben, nach ein paar Tagen hat sich die Sache wieder erledigt. Und trotz-

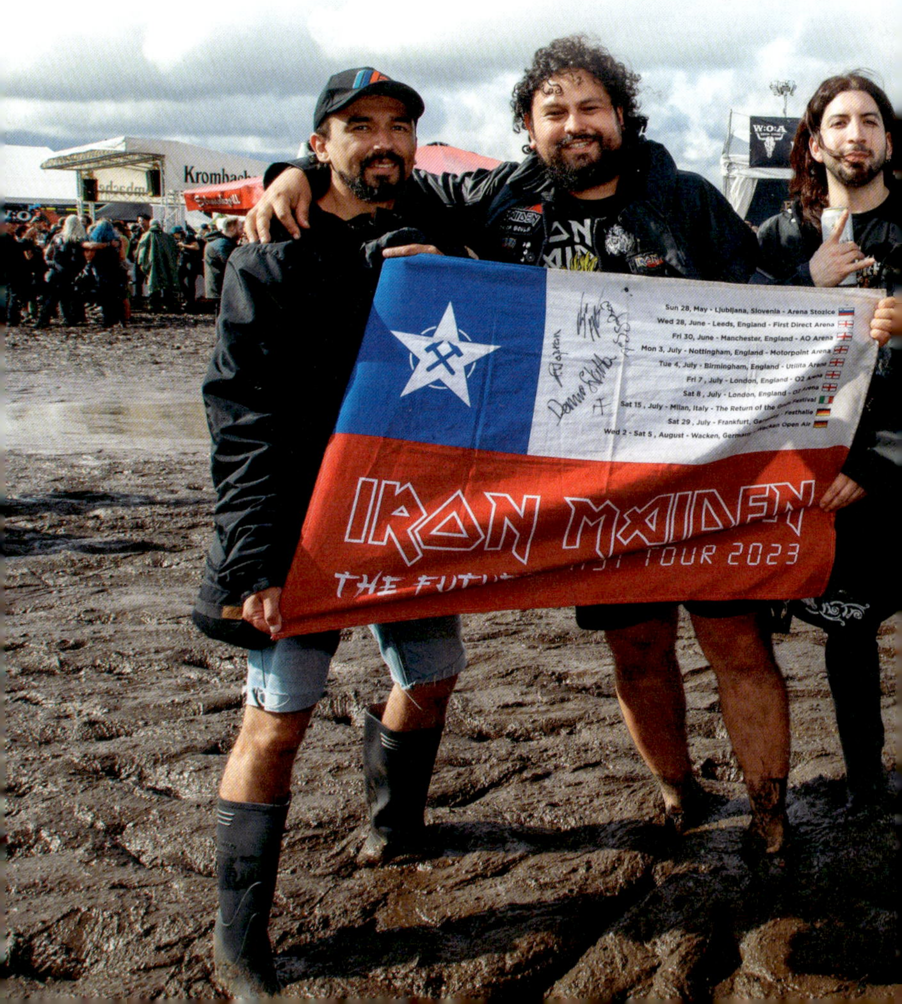

dem ist es erstaunlich, wie wenige Probleme auftauchen, wenn ein paar tausend Verrückte aus aller Welt alle zusammen auf einen Acker stürmen, sich betrinken und eine gute Zeit haben wollen. Wacken lockt viele Fans aus Skandinavien, Italien, Osteuropa, Asien, Südamerika und allen restlichen Teilen der Welt an. Warum das gerade bei diesem Metal-Festival so ausgeprägt ist, lässt sich schwer erklären. Es wird mit der massiven Werbemaschinerie zusammenhängen, die das Wacken-Logo auch

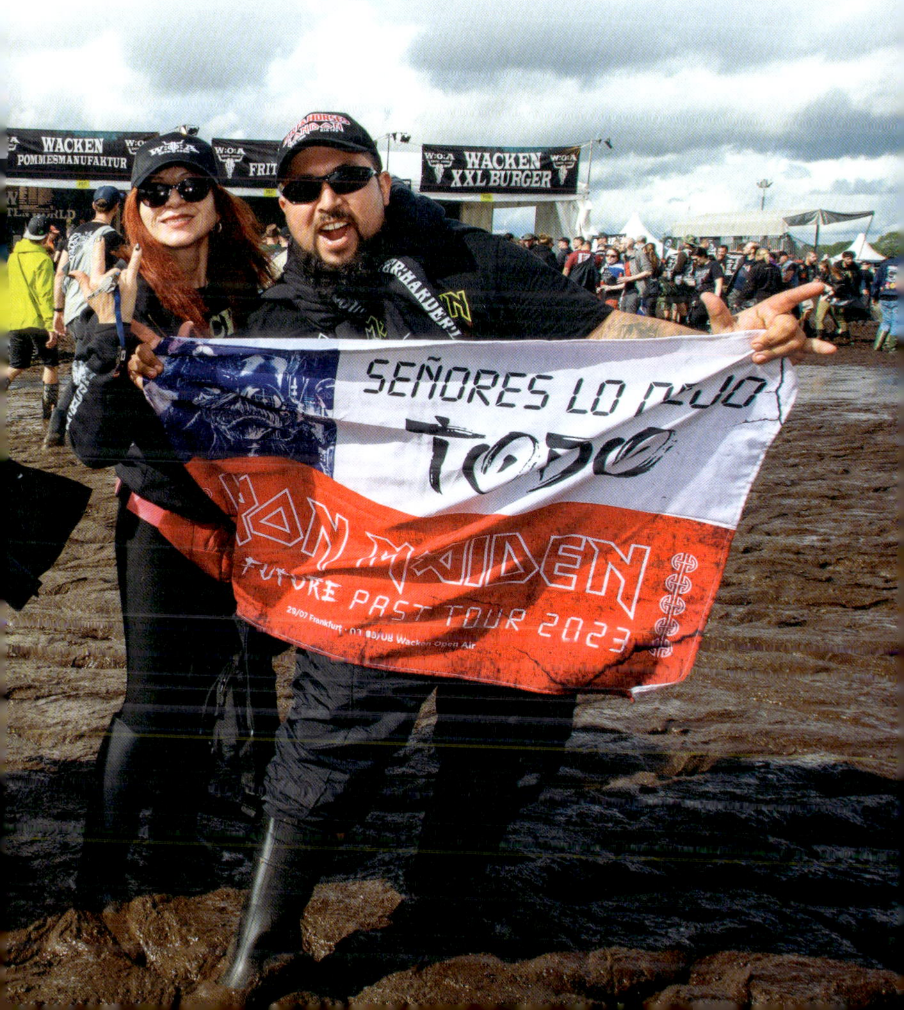

noch in das letzte Kaff am anderen Ende der Erde getragen und irgendwie allen Menschen vermittelt hat, wenigstens einmal im Leben dabei gewesen sein zu müssen. Musikalische Vorlieben spielen dabei manchmal, aber ganz sicher nicht immer nur die zweite Geige.

Vor allem bei den großen Headlinern am späten Abend wie Iron Maiden, Judas Priest, Saxon oder Dimmu Borgir zeigen die Fans Flagge. Argentinien, Mexiko, Brasilien und Kolumbien sind keine Seltenheit, sondern neben Norwegen, Schweden und Finnland eher der Standard. Die Metal-Begeisterung gerade in Süd- und Mittelamerika ist sprichwörtlich, und man möchte sich nicht vorstellen, wie diese Menschen jeglichen Alters an das Geld für den Flug und die ganz sicher nicht günstigen Tage auf dem Acker kommen. Metal-Fans auf der ganzen Welt, und das ist kein Klischee, sprechen eine Sprache, verständigen sich zur Not mit Händen und Füßen und kommen völlig problemlos untereinander klar. Zur Not brüllt man sich halt drei Stunden lang „Waacken!" und „Helgaa!" ins Gesicht. Macht auch Spaß. Zwei Beispiele für Völkerverständigung, die der Autor dieser Zeilen bei seinen Wacken-Besuchen selbst erlebt hat.

Es ist der letzte Wacken-Tag, irgendwann Samstagnacht. Auf einer der Hauptbühnen spielen die Scorpions, es können aber auch Machine Head sein. Irgendwann nimmt sich das ja alles nichts mehr. Unsere Gruppe ist abgekämpft, es regnet in Strömen, wir haben schlicht keinen Bock mehr. Das einzige Ziel ist es, schnellstens ins Auto zu kommen und die etwas mehr als 300 Kilometer nach Hause zu bügeln. Kurz bevor wir unseren Boliden erreichen und einsteigen können, sprechen uns ein paar Italiener an. Sie hätten noch große Vorräte eines vorzüglichen Rotweins auf Lager, dazu ein paar Snacks von Mama persönlich gebacken. Die müssten dringend weg. Wir haben keinen Hunger, keine Lust auf Alkohol und Smalltalk, aber plötzlich sitzen wir bei den Kollegen im Zelt. Sie erzählen uns, dass sie aus der Ecke von Genua kommen und die 17-stündige (wenn alles gut läuft) Heimfahrt morgen antreten wollen. Wir trinken Rotwein, knabbern irgendwelches Gebäck, lachen und quatschen, und irgendwann fällt uns auf, dass von den Bühnen kein Krach mehr kommt und die Morgensonne schon langsam am Horizont erscheint. Wir springen ins Auto und kommen völlig fertig nach dem Frühstück zu Hause an. Aber diese zwei oder drei Stunden möchte nicht mal unser Fahrer missen, obwohl er dank seiner Aufgabe nüchtern bleiben musste.

Ein völlig anderes Wacken, es regnet schon wieder. Plötzlich steht ein polnischer Fan vor mir, zeigt auf mich und hat beinahe Tränen in den Augen. Ich begreife schnell, dass es weniger um mich geht als vielmehr um mein Shirt. Running Wilds „Pile of Skulls" mit Rückenaufdruck. Schon damals recht selten. Der Kollege erklärt mir wortreich, dass er dieses Stück Stoff dringend haben muss, er aber kein Geld besitze. Ich erkläre ihm, dass ich es ihm ja überlassen, aber ungern mit freiem Oberkörper bis zum Zeltplatz laufen würde. Es war eins dieser Wacken mit gefühlten zehn Grad, an denen die Regenwolken von allen Seiten nur ein Ziel zu kennen scheinen. Er bittet mich zu warten. Ich warte und warte, bis er schließlich wieder vor mir steht mit einem Ersatzshirt in der Hand. Seine Dankbarkeitsküsse kann ich gerade noch abwehren, wir gehen als Freunde auseinander, ohne den Namen des anderen zu kennen. So kommt es, dass ich in meiner Shirt-Sammlung ein dunkelblaues Leibchen mit einer Rennflagge und polnischen, für mich unverständlichen Worten darauf besitze. Und obwohl diese Geschichte schon 15 Jahre alt ist und ich mittlerweile vielleicht um ein bis drei Konfektionsgrößen angewachsen bin, das Kleidungsstück also gerade noch über meinen Arm passt, bleibt es an Ort und Stelle. Manchmal sind Erinnerungen wichtiger als der Besitz von seltenen Sammlerstücken. Das Running-Wild-Shirt hätte ich trotzdem gerne wieder, verdammt.

Ausgeschlafen

Wenn man sich die Kommentare vieler Festivalbesucher so anhört oder durchliest, könnte man auf die Idee kommen, die Bands und das ganze Drumherum würden nur eine Nebenrolle einnehmen. Die meisten berichten mit leuchtenden Glubschern von den Partys auf dem Zeltplatz. Das Nächtigen auf den endlosen Campinggrounds kann Fluch und Segen zugleich sein. Da der Altersdurchschnitt auf dem Festival in den letzten Jahren nicht unbedingt drastisch gesunken sein dürfte, verlangt es immer mehr Menschen nach ein bisschen Komfort. Wer sich nach fast einer Woche Wacken fühlt wie frisch aus Guantanamo entlassen, hat ja auch nichts gewonnen. Außer ein bisschen Erfahrung und viel Demütigung.

Die überwiegende Mehrheit der eingefleischten Zelter sieht das ganz anders und bringt den Hotelschläfern, die sich ihrer Ansicht nach immer dann verkrümeln, wenn es gerade am lustigsten wird, ungefähr so viel Sympathie entgegen wie dem Typen im Bus, der dreimal hektisch den Halte-Knopf betätigt, obwohl laut und deutlich angesagt wurde, dass die kommende Station der Endhalt ist. Monks halt. Doch viele Freunde des faltbaren Eigenheims machen sich keine Vorstellung davon, welche Mühen die Hotelisten auf sich nehmen, um ein kleines bisschen Komfort wie eine vernünftige Toilette, ein weiches Bett, ein komplettes Frühstück und eine Dusche, vor der man nicht eine Stunde lang anstehen muss, zu ergattern. Das geht mit der Buchung los: Wer nicht ein Jahr im Voraus weiß, dass er oder sie definitiv in Wacken sein und ein Zimmer benötigen wird, ist im Umkreis von 100 Kilometern schon mal raus. Natürlich hat das kapitalistische Umland von Wacken längst riesigen Spaß am Unternehmen W:O:A gefunden und erhöht die Preise für die Zimmer, die über das Jahr gesehen so leer stehen wie die Innenstadt von Gelsenkirchen am Abend eines Endspiels der Fußballweltmeisterschaft.

Das größte Problem aber ist die allabendliche Abreise vom Gelände zum Hotel. Wacken liegt bekanntermaßen im Nirgendwo, vor Ort sind die paar Zimmer seit Generationen in fester Hand. Also muss man ins Umland und wenn es ganz blöd läuft, noch etwas weiter. Und dafür braucht es einen Fahrer. Das Feilschen, wer wann fahren muss, kann jahrzehntelange Freundschaften zerstören. Denn entweder möchten alle trinken, weil die Bands, die an diesem Tag spielen, so geil sind und man ordentlich mitgrölen möchte. Oder es möchten alle trinken, weil die Bands an diesem Tag so mies sind, dass es ohne Alkohol nicht auszuhalten ist. Wohl dem, der einen Anti-Alkoholiker in der Gruppe hat. Der darf dann jeden Abend fahren und kriegt dafür vor Ort „'ne Cola und 'ne Pommes". Sich auf Taxen, Shuttlebusse und ähnliche Fata Morganas zu verlassen, bedeutet, seine Seele dem Teufel zu verkaufen. Wenn sie tatsächlich mal kommen, sind sie überfüllt, weil 50 Personen gleichzeitig auf das Gefährt zulaufen. Dass es da bisher noch keine größeren Buffereien gegeben hat, ist ein kleines Wunder.

Damit es gar nicht so weit kommt, haben die Veranstalter endlich eine Anregung umgesetzt, die ein gewisser Till Burgwächter bereits im Jahr 2011 gefordert hat: die Etablierung eines Festivalhotels in direkter Nachbarschaft zum Gelände. Nun steht es endlich und wartet auf seine Gäste. Auf dem Komplex kann man unter diversen Zimmerkategorien sein eigenes temporäres Domizil wählen. Den Einstieg markiert der „Ein-Mann-Container", der immerhin mit Deckenleuchte und zwei Steckdosen ausgerüstet ist. Wer möchte da nicht gleich fest einziehen? Der warum auch immer so genannte „Continest" macht mit einer Garderobe, einer Miniküche und nicht weniger als zwei Nachttischen schon mehr her. Da könnte man tatsächlich mal Besuch einladen, zumal es sogar einen Teppich gibt. Endschick. Wem das immer noch nicht reicht, der lässt sich vielleicht für das Modell „Blockhütte" begeistern. Die Luxusvariante bietet bis zu vier Besuchern Platz, glänzt mit einer überdachten Außenterrasse (wirkt auf dem Bild ein bisschen beengt), einer dazugehörigen

Gartenmöbelgarnitur, einem Kühlschrank mit Gefrierfach (zum Anlegen von Vorräten) und einem (jetzt kommt's) Regal. Da lässt sich sogar noch die Urlaubslektüre verstauen, in die man während des Festivals garantiert keinen Blick wirft. Tür auf, aufs Bett fallen lassen, Ruhe im Karton. Als Mittelklasse wäre abschließend noch die „Schwedish Hut" im Angebot, hier passen

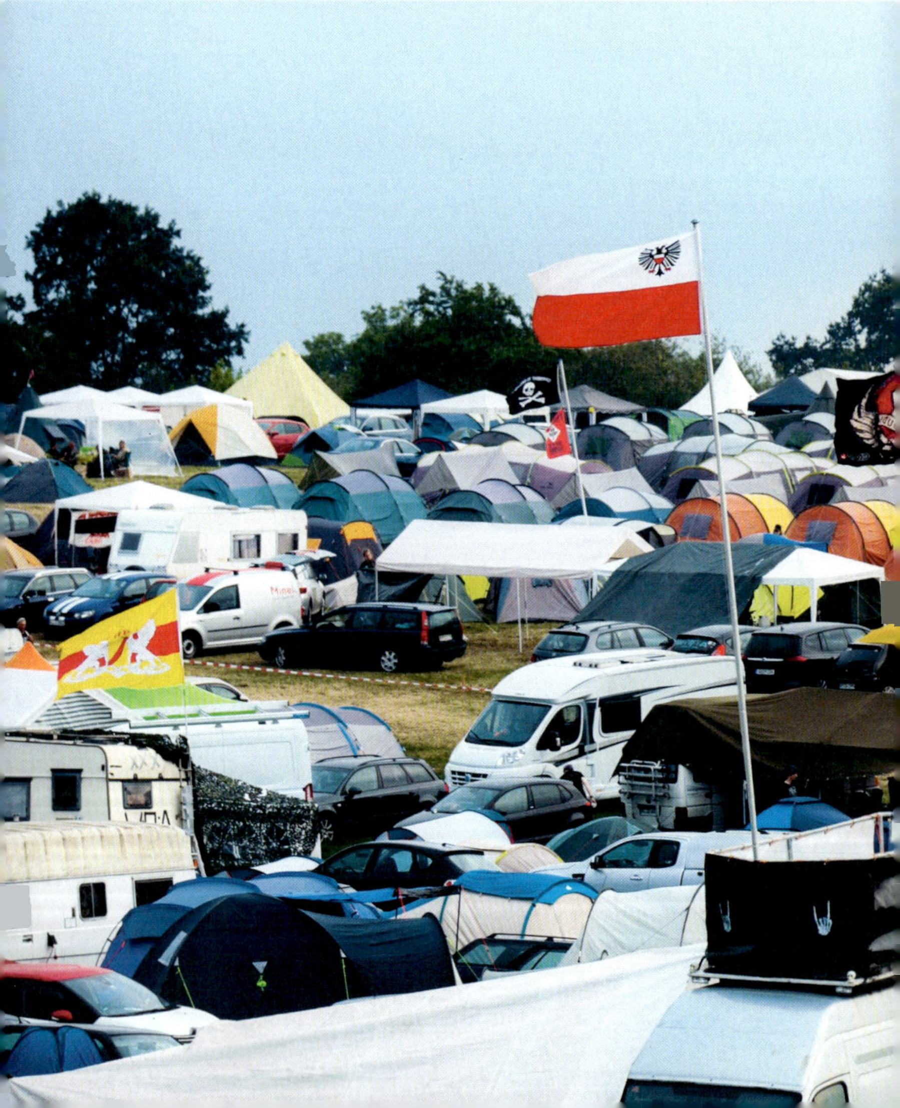

drei Menschen hinein, außerdem gibt es einen Tisch mit vier Stühlen, wahrscheinlich von Ikea.

Die Preise zu den verschiedenen Angeboten variieren. So ein Platz im Moshtel gibt es für das komplette Festival ab schlappen 2399 Euro. Aber am Ende ist das Geld ja nicht weg, es hat nur jemand anderes.

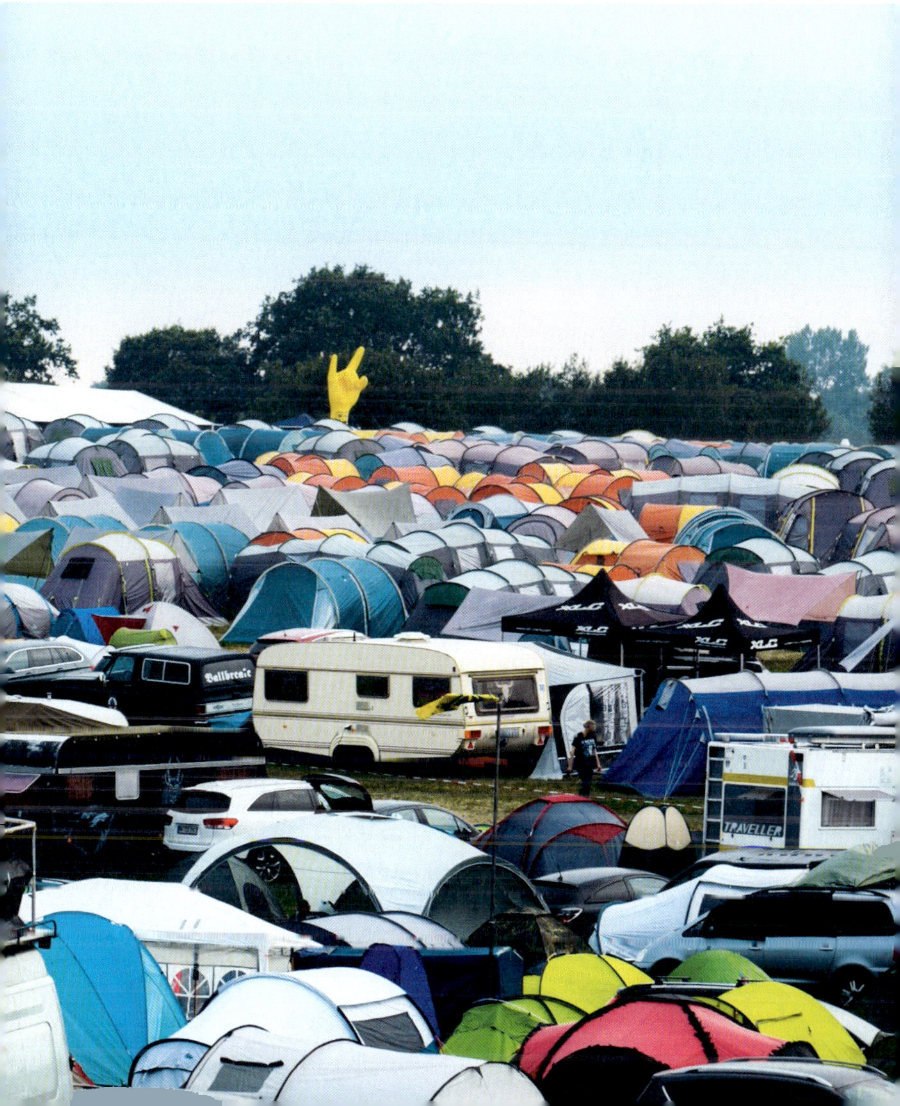

Fans und Preise

Wacken-Teilnehmer (inklusive Bands, Journalisten, Crew etc.) nach Jahren

1990:	800	2007:	72.000
1991:	1.300	2008:	75.000
1992:	3.500	2009:	77.000
1993:	3.500	2010:	82.500
1994:	4.500	2011:	85.870
1995:	5.000	2012:	85.000
1996:	8.000	2013:	84.500
1997:	10.000	2014:	84.500
1998:	20.000	2015:	84.500
1999:	22.000	2016:	84.500
2000:	22.000	2017:	85.000
2001:	25.000	2018:	85.000
2002:	27.500	2019:	85.000
2003:	30.000	2020:	0 (ausgefallen)
2004:	48.000	2021:	0 (ausgefallen)
2005:	40.000	2022:	100.000
2006:	48.000	2023:	61.000

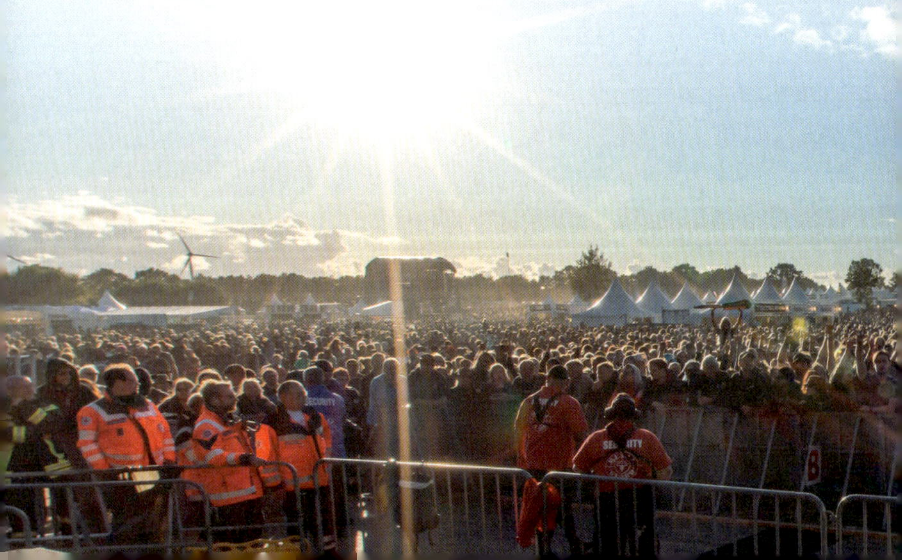

Eintrittspreise pro reguläre Karte (umgerechnet in Euro) nach Jahren

1990: 6,14 Euro
1991: 7,67 Euro
1992: 17,90 Euro
1993: 23,01 Euro
1994: 19,94 Euro
1995: 20,05 Euro
1996: 25,05 Euro
1997: 35,28 Euro
1998: 35,28 Euro
1999: 40,39 Euro
2000: 40,90 Euro
2001: 50,62 Euro
2002: 50,00 Euro
2003: 50,00 Euro
2004: 68,00 Euro
2005: 79,00 Euro
2006: 79,00 Euro
2007: 99,00 Euro
2008: 109,00 Euro
2009: 130,00 Euro
2010: 130,00 Euro
2011: 130,00 Euro
2012: 150,00 Euro
2013: 150,00 Euro
2014: 170,00 Euro
2015: 170,00 Euro
2016: 190,00 Euro
2017: 220,00 Euro
2018: 220,00 Euro
2019: 221,00 Euro
2020: 239,00 Euro (ausgefallen)
2021: 239,00 Euro (ausgefallen)
2022: 239,00 Euro
2023: 299,00 Euro
2024: 333,00 Euro

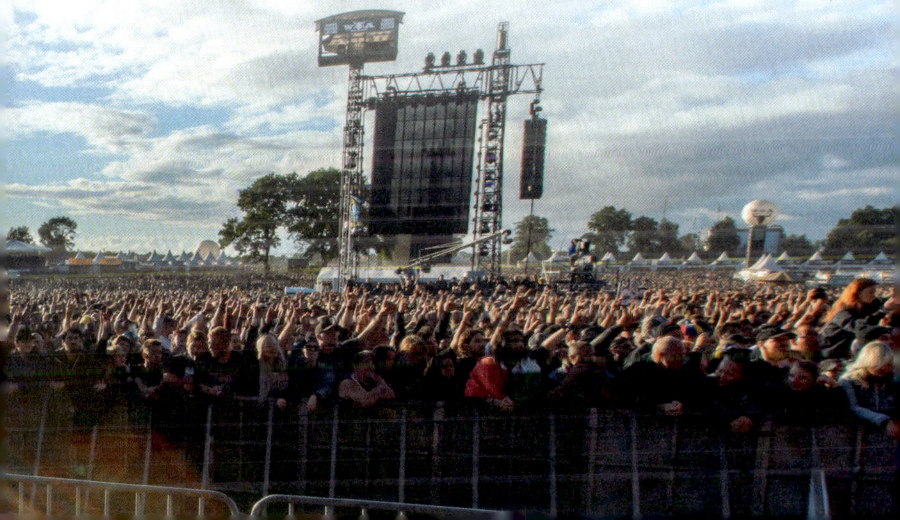

Wacken ohne Wacken

Wer käme je auf die Idee, Disneyland zu besuchen, wenn alle Bewohner und Besucher in Entenhausen oder sonst wo weilen? Wahrscheinlich niemand. Und doch reizte mich und meinen Kumpel die Idee, Wacken zu besuchen, wenn gerade kein Wacken ist. Eine berufliche Aufgabe lockte uns mitten im Januar in die Nähe unserer geliebten Gemeinde, also war es kein Problem, einen Abstecher einzulegen.

An einer Tankstelle vor der A23 (auf der es ja solche Annehmlichkeiten nicht gibt) deckten wir uns mit Dosenbier und Zigarren ein und ließen uns zum „Holy Ground" chauffieren. Die erste Erkenntnis: Wacken ohne Wacken ist im Januar gegen 17 Uhr verdammt dunkel. Und sehr ruhig. Einzige Orientierung bietet das Silo der Raiffeisenhauptgenossenschaft, aber so ganz ohne Büffelkopfschmuck sieht es auch nur aus wie ein Silo. Trotz dieser Landmarke fiel es uns schwer auszumachen, wo „normalerweise" der Backstagebereich für den Pöbel (siehe Seite 33) oder die Haupteingänge zu verorten sind. Wir stellten uns auf den Acker, glotzen auf das Silo und tippten einfach mal, was sich wo befinden müsste. Die Ergebnisse lagen mehrere Kilometer auseinander. Denn dieser Acker ist das Jahr über eben nur ein Acker. So wie jeder andere auch. Einziger Unterschied: die Milliarden von Kronkorken, die in der Erde stecken. Unter unseren Schuhen knirschte es, als wären wir im Hochharz unterwegs, mein Kumpel merkte an, dass er hoffe, es handele sich hierbei nur um Bierflaschenverschlüsse. Auf meine Frage, was da sonst im Boden stecken sollte, schlug er Brillengestelle und Beinprothesen vor, im schlimmsten Fall menschliche Hände oder leicht angefrorene Exkremente. Ich ließ mir mein letztes, schlammiges Wacken durch den Kopf gehen und nickte. Wir schalteten unsere Taschenlampen aus, nahmen noch einen Zug aus dem glimmenden Sargnagel und fuhren dezent irritiert nach Hause.

AHA!

Blutopfer

Es wird Zeit, mit einem großen Missverständnis aufzuräumen: Obwohl die Zeiten so aufklärerisch sind wie noch nie und sich ein jeder alle erdenklichen Informationen zusammensuchen kann, gibt es immer noch Menschen, die ernsthaft glauben, in der Metal-Szene würde es Leute geben, die Blutopfer darbringen. Deshalb an dieser Stelle noch einmal ganz deutlich: Es stimmt. Solche Opfergaben finden sogar unter Mithilfe der W:O:A-Veranstalter statt. Denn dafür, dass Metal-Fans angeblich böse, menschenverachtende Saubeutel sind, gibt es erstaunlich viele soziale Zwecke, für die sich das Wacken Open Air und seine Besucher engagieren.

So zum Beispiel die langjährige Zusammenarbeit des Festivals mit dem Deutschen Roten Kreuz und dem Klinikum in Itzehoe. Es gibt besondere Metal-Blutspendetage, in denen die Räumlichkeiten entsprechend dekoriert werden und die entsprechende Musik durch die Räume schallt. Wacken hat sogar ein eigenes Logo für diese Aktion entworfen: einen Blutstropfen, der die Pommesgabel präsentiert. Und dazu gibt es für Mimosen noch einen aufmunternden Spruch: „Ein Metalhead kennt keinen Schmerz“. Obendrauf darf sich die Spenderin oder der Spender als „Official Wacken Blood Sponsor“ bezeichnen, erhält auf Wunsch den W:O:A-Blutspende-Pass und immer mal wieder Goodies wie spezielle T-Shirts. Wer da nicht freudig unter die Nadel hüpft, dem ist nicht mehr zu helfen. Eine Blutentnahme auf dem Festival selbst gibt es nicht, da bei den meisten an diesen Tagen wohl eher pures Bier aus den Adern laufen würde.

2014 ging das Wacken Open Air eine bis heute andauernde Kooperation mit der „Wattolümpiade“ aus Brunsbüttel ein. Hier treffen Matsch und sportlicher Wettkampf aufeinander. Die W:O:A-Crew hilft dem ehrenamtlich tätigen Verein in logistischen Dingen, außerdem machen sich beide Veranstaltungen für den Kampf gegen Krebs stark. Die kompletten Einnahmen der Sause im Schlick gehen an die Schleswig-Holsteinische Krebsgesellschaft. So kamen im Laufe der Jahre bereits mehr als eine halbe Million Euro zusammen.

Ebenfalls seit 2014 gibt es eine Kooperation zwischen Wacken und der Deutschen Knochenmarkspenderdatei. Unter dem Motto „Gemeinsam gegen Blutkrebs" können sich Fans vor Ort als Spender registrieren lassen. Allein im ersten Jahr taten dies über 2700 Besucherinnen und Besucher. Diverse Künstler wollten da nicht nachstehen, unter anderem registrierten sich auch Doro Pesch und Stephan Weidner.

Neben diesen lebenswichtigen Dingen hat das Wacken Open Air auch ein Herz für die Jugend. Nicht ganz uneigennützig, denn irgendwer soll ja auch in zehn oder 20 Jahren für ausverkaufte Festivals sorgen. Aber das steht bei der Vielzahl der Aktivitäten in diesem Bereich sicher nicht im Vordergrund. Zum einen richtet das Wacken seit 2004 den weltweit stattfindenden Metal Battle aus. Wie beim Eurovision Song Contest führen die teilnehmenden Länder Vorentscheide durch, die Siegerbands dürfen in Wacken spielen. Der dort gekürte Gewinner bekam früher einen Plattenvertrag bei Armageddon, später Wacken Records, heute gibt es Geld- und Sachpreise. Die 2009 gegründete Wacken Foundation unterstützt Nachwuchsbands aus dem Metal-Genre mit Förderungen für Studioaufnahmen, Instrumente oder Tourneen. In die gleiche Richtung zielt das Wacken Music Camp, das 2014 etabliert wurde. Hier können sich Kinder und Jugendliche anmelden, die unter Anleitung von professionellen Musikern und Produzenten Songs schreiben, die sie dann am letzten Abend im Landgasthof Wacken live präsentieren. So sammeln die Kids erste wichtige Erfahrungen vor Publikum. Und wer weiß, vielleicht ist ja der eine oder andere dabei, der irgendwann tatsächlich auf der großen Bühne in Wacken steht.

Geschmacklos

Fragt man einen eingefleischten Metal-Fan im Normalzustand, was er oder sie von Schlagern, Blasmusik und Mundartkapellen hält, dann saust die Faust mit dem gestreckten Mittelfinger schneller nach oben, als der Fragesteller gucken kann. Diese Reaktion ist vorhersehbar wie der Bieranstich auf dem Oktoberfest. Kommt der gleiche Musikgourmet allerdings nach Wacken, scheint diese natürliche Abwehrhaltung gegen musikalischen Schund zu zerbröseln.

Klar, was akustischer Sondermüll ist und was nicht, darf und muss jeder für sich selbst definieren. Bei manchen fängt es bei Andrea Berg an, bei anderen bei Sabaton, andere halten nur Musik von Rush aus. Die Welt ist bunt, so soll es sein. Aber Anspruch der Metal-Szene ist doch, sich von den üblichen Ballermann-Prolls und sonstigen musikalischen Himbeer-Tonis, die so über diesen Planeten wackeln, abzugrenzen. Die Wacken-Macher konterkarieren dieses Ansinnen seit vielen Jahren und laden Gestalten zum Musizieren ein, die eigentlich auf der schwarzen Liste stehen. Bisher wurde noch keiner dieser Akustik-Verbrecher vom wütenden Mob von der Bühne gezehrt. Und da sage noch einer, Metaller seien musikalisch intolerant.

Los ging diese Geschmacksverirrung wohl mit der Wacken-Feuerwehr. Die löscht nicht nur Feuer und holt die beiden Katzen aus den fünf Bäumen, die es in Wacken gibt, sondern macht auch Musik. Blasmusik, um genau zu sein, was man in diesem Landstrich kurz vor der Nordsee schon richtig wollen muss. Und ja, bevor hier ein Original Oberkrainer einen erbosten Leserbrief schreibt, der Begriff Blasmusik umfasst eine Vielzahl von Stilen und Ensembles. Es gibt reine Bläser, gemischte Besetzungen mit Streichern, Trommeln und allen erdenklichen Instrumenten. Es existieren Ensembles, die alle ins gleiche Horn blasen, andere pusten in verschiedene Instrumente. Manche sind klassisch orientiert, andere jazzig oder dem Swing verpflichtet. Fanfa-

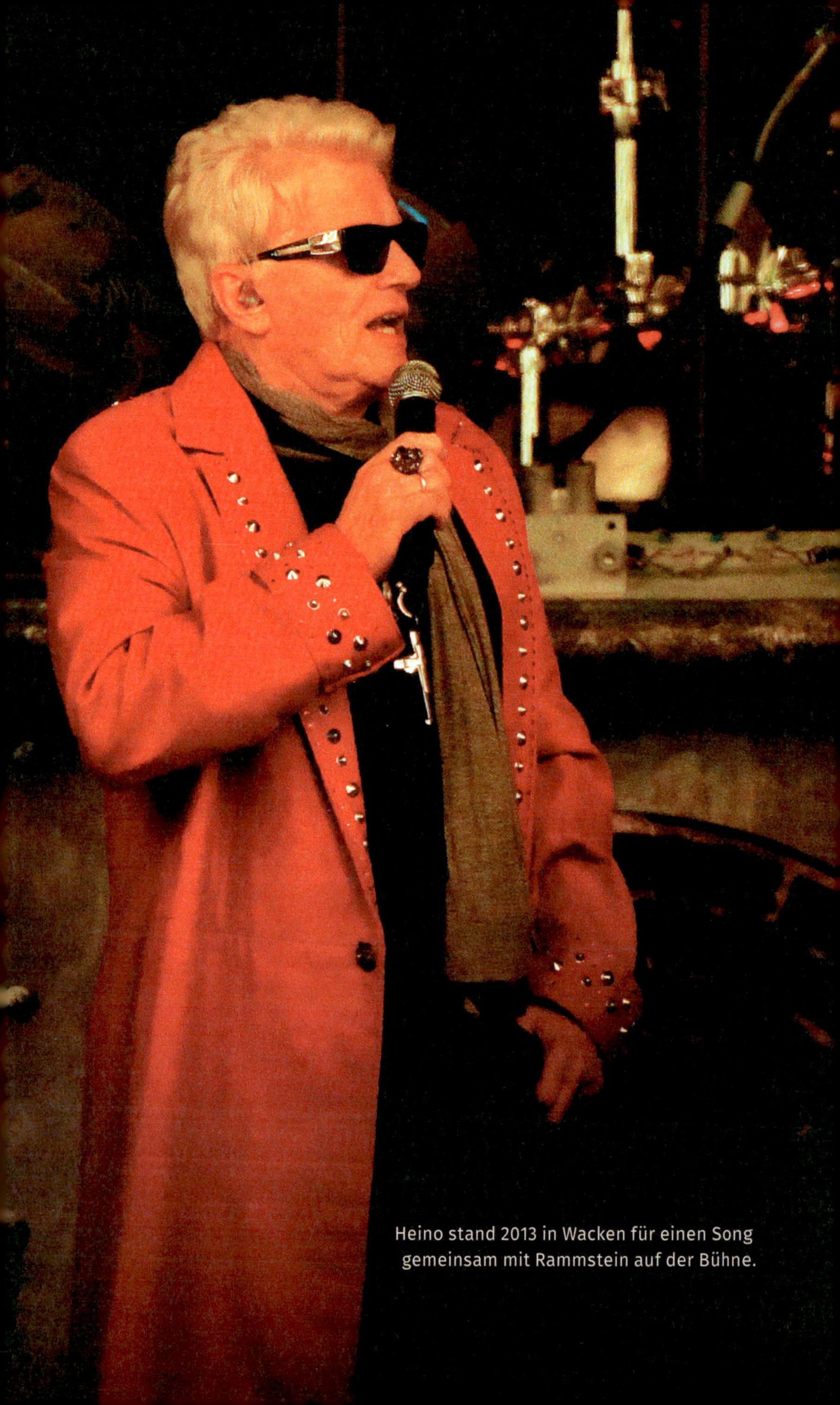

Heino stand 2013 in Wacken für einen Song gemeinsam mit Rammstein auf der Bühne.

ren- und Spielmannszüge gehören ebenfalls dazu wie Jagdhornensembles und hippe Brass-Bands. Aber sie alle eint ein Fakt: Sie klingen mies, wenn man auch nur einen verzerrten Akkord einer E-Gitarre über einen Turm aus Marshall-Boxen ertönen lässt.

Die Nummer mit der Feuerwehr begann erstaunlicherweise 90 Jahre vor dem ersten W:O:A, nämlich im Jahr 1900. Seitdem ist viel passiert, zumindest in der Welt, vor Ort dürfte es sich in Grenzen gehalten haben. Die Damen und Herren vererbten ihre Feuerwehrmitgliedschaft von Generation zu Generation, bis sie schließlich in der Neuzeit angekommen waren und von den Veranstaltern auf ihr Festival gezerrt wurden. Die Musikerinnen und Musiker werden mit allem gerechnet haben, aber nicht mit einer musikalischen Karriere, die sie seit ihren regelmäßigen Auftritten auf dem Acker hingelegt haben. Mittlerweile gibt es eigene Albumveröffentlichungen, eigene Fanshirts und seit 2022 sogar einen eigenen Verein, der sich ausschließlich um die Belange der Musiker kümmert. Selbst eine Thrash-Metal-Legende wie Tom Angelripper ließ es sich vor Jahren nicht nehmen, mit den bekanntesten Feuerlöschern Norddeutschlands auf die Bühne zu springen. Und in diesem Fall wollen wir das auch alles mal so durchgehen lassen. Es ist eine Geschichte von Heimat, Promille, Freundschaft, Spaß und sehr viel Spucke, die sich in diesen Blasinstrumenten anzusammeln pflegt.

Weitaus weniger verständlich sind da die Verpflichtungen späterer Jahre, und ich spreche hier nicht von Kapellen wie Vogelfrey, Brenner, The Rumjacks, Mambo Kurt, Torfrock oder Gloryhammer, die mit allen Augen zugekniffen ja noch irgendwie ganz entfernt etwas mit der Metal-Szene zu tun haben. Nein, es geht um ganz andere Kandidaten. Zum Beispiel Heino. Ich meine. Heino! Meine Großeltern – der Herr des doppelt gebutterten Mettwurstbrötchens habe sie selig – waren eingefleischte Fans von Roy Black und Karl Moik. Die beiden hielten Matthias Reim, als der mit seinem einzigen Hit „Verdammt ich lieb dich" durch die Radioprogramme hallte, für einen „wilden Rocker, der Schimpfwörter brüllt" (Originalzitat). Und diese beiden musikalischen Sanftgemüter bezeichneten Heino schon in den Neunzigerjahren des vorherigen Jahrhunderts als lahm und als etwas für Senioren. Wann immer der vanillepuddinggelbe Schopf mitsamt der markanten Sonnenbrille im TV auftauchte, stöhnte meine Oma: „Ach, den gibt's auch noch. Der sollte mal langsam aufhören." Und genau dieser Mann trat 2013 unter dem Jubel von 80.000 Metalheads zusammen mit Rammstein auf und intonierte deren Hit „Sonne", den er zuvor gecovert hatte. Gut, die Fans aus Japan, Australien oder Argentinien werden den Haselnuss-Barden für eine besonders perfide Idee von Till Lindemann gehalten haben. Aber auch die einheimischen Anhänger feierten das Schlagerfossil kritiklos ab.

Bereits vor diesem bemerkenswerten Auftritt verirrte sich Roberto Blanco auf die Bühne zu Sodom, um mit ihnen ein kleines Ständchen in den Abendhimmel zu blasen. „Ein bisschen Spaß muss sein", brüllte die Schlagerikone ins Mikro. „Hat wer wann beschlossen und zum Gesetz gemacht?", möchte man antworten, aber der Mob feierte es trotzdem. Wie auch „Blümchen"-Darstellerin Jasmin Wagner, die in Interviews schon häufiger behauptet hat, der harten Musik zugeneigt zu sein. Warum sie dann ausgerechnet mit Lord Of The Lost, deren eigene Hartwursttauglichkeit schon anzuzweifeln ist, auf der Bühne herumtobte, weiß kein Mensch. Jedes geschriebene Wort über The BossHoss, das Schlagerkombinat aus Marlboro Country, oder die ganz sicher nicht mehr hochseetauglichen Seniormatrosen Santiano mit ihrem Käpt'n-Iglo-Sound wäre eines zu viel, deshalb konzentrieren wir uns lieber auf die vielen guten Bands, die es immer noch in jedem Jahr nach Wacken schaffen, und beten, dass die beiden Organisatoren demnächst nicht noch ihre Liebe zur portugiesischen Pimba-Musik, Andy Borg, Beatrice Egli oder dem Free Jazz entdecken. Wenn derlei Töne auf der Hauptbühne ertönen, könnte auch dem tolerantesten Metalhead irgendwann mal der Geduldsfaden reißen.

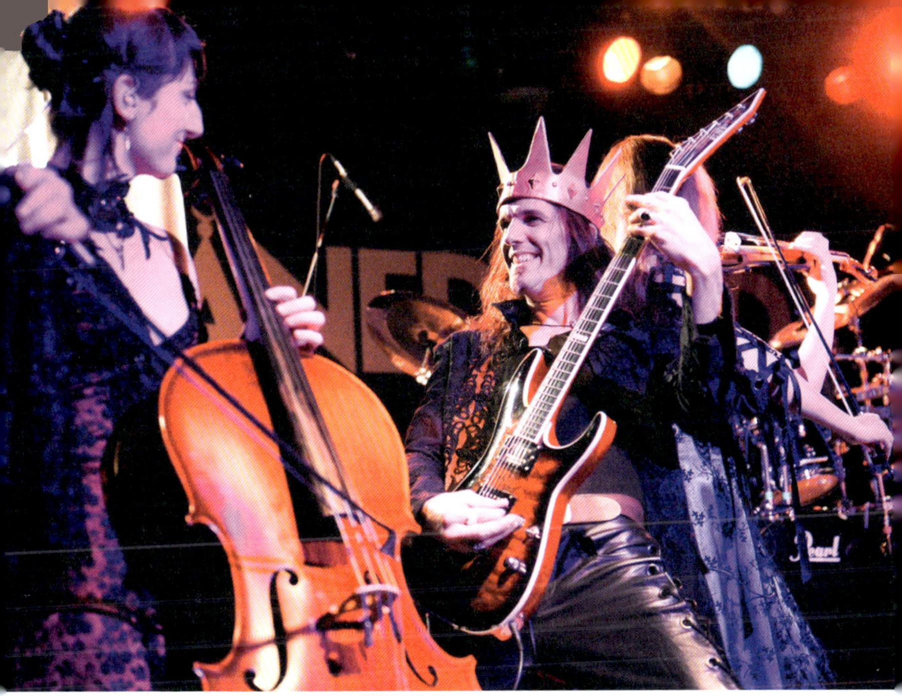

Die Leipziger Opera-Metal-Band Molllust

Die albernsten Band- und Künstlernamen

In Wacken hat es Tradition, dass nicht nur Bands mit bekannten Namen, sondern auch Combos und Solokünstler mit möglichst behämmerten Namen auftreten dürfen. Warum das so ist, müsste man mal die Veranstalter fragen. Die haben, das deutet sich ja nicht nur in diesem Punkt an, eine ganz eigene Art von Humor und freuen sich vermutlich, wenn Namen wie Snow White in the Dark zwischen den Logos von Slayer oder Testament auftauchen. Da sagt der Thomas vielleicht zum Holger: „Hihi, guck mal. Ich hab' 'nen Typen namens Pensen Paletti reingeschmuggelt. Keine Ahnung, was der macht. Ist aber auch egal." Und Holger antwortet: „Das kontere ich locker mit Ivan Ivanovich & The Kreml Krauts. Die machen Polka, bis es raucht."

Reverend Jürgen & Igor liefern so genannte „Höllen-Comedy".

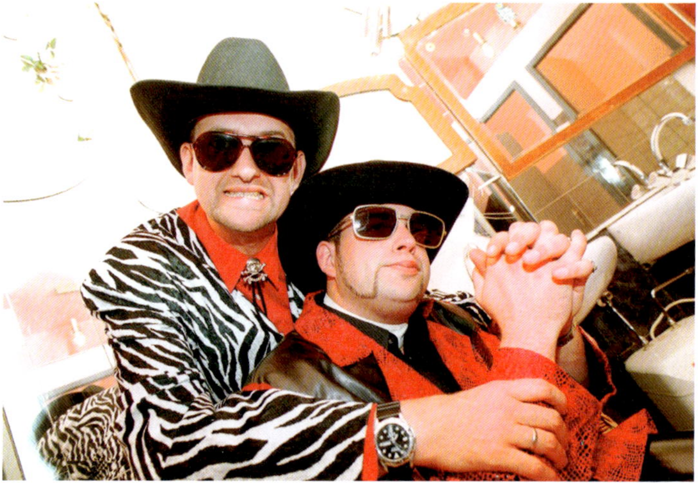

Tja, so ist es halt. Hier also die Top 15 der albernsten Namen, die jemals in Wacken musizieren durften. Ohne Kommentar, einfach nur zum Genießen.

Störspatzen of Des
Fro-Tee Slips
Molllust
Room of the Mad Robots
Volxrock
(Frog Bog Dosenband) und Die Beschissenen 6
Helmut
The Smackballz
0 % Merury
Deine Cousine
Stoney Rudolph and the Happy Mc Cardies
Hassmütz
Alien Rockin' Explosion
Burgerkill
Reverend Jürgen & Igor

Grüße aus dem Urlaub

Unabhängig davon, ob Sie je einen Fuß auf den Wacken-Acker gesetzt haben oder nicht – versuchen Sie sich bitte folgendes vorzustellen: Sie stehen am frühen Morgen (so gegen 13 Uhr) mitten auf einer sehr matschigen Wiese, umgeben von 50.000 Metal-Fans, jeder Menge Bühnen, Fressständen und Bierbuden. Wahrscheinlich regnet es. Sie überlegen, ob Sie diesen neuen Tag mit einem Kaffee oder einem Jägermeister beginnen sollen, studieren die Running Order des Tages (um circa zehn Sekunden wieder vergessen zu haben, wer wann wo spielt) und schauen vorsichtig in Ihre Geldbörse beziehungsweise auf den Chip in Ihrem Festivalbändchen, was der Exzess gestern Nacht an der Cocktailbar gekostet hat. Was wäre die letzte Idee, auf die Sie in diesem Moment kommen würden? Ein Wellness-Bad im Schlamm nehmen? Zu viele Zuschauer. Den nächsten Asia-Laden für eine Maniküre suchen? Zeitverschwendung. Aber was wäre auf einem Metal-Festival noch so richtig absurd? Richtig, eine Runde auf die Post gehen, um Urlaubskarten oder Päckchen zu verschicken.

In Wacken geht aber genau das. Zumindest theoretisch. Gleich hinter dem Metal-Supermarkt rechts neben „Werners Welt“ (hier ist die Comic-Figur von Brösel gemeint), gibt es das „Wacken Mail and Parcel Office“. Also, Kuli gezückt, eine schöne Karte von Wacken ausgesucht, Muttis Adresse drauf und los:

Hallo, aus Wacken!

Hier schreiben dir Irmgard und Detlef. Wir sind gut im hohen Norden angekommen. Die Unterkunft ist ein wenig beengt, die Nachbarn sind sehr laut. Das Wetter ist … Wacken halt. Das Essen ist zumindest preislich absolut in Gourmet-Regionen unterwegs. Fast 14 Euro für einen Hot Dog, das muss man sich erstmal trauen. Bei Saxon vor der Bühne haben wir unsere alten Nachbarn, die Schmidts aus dem Mühlenweg getroffen. Weißt du noch? Er ist ganz schön alt geworden und hört fast nichts mehr. Aber Saxon

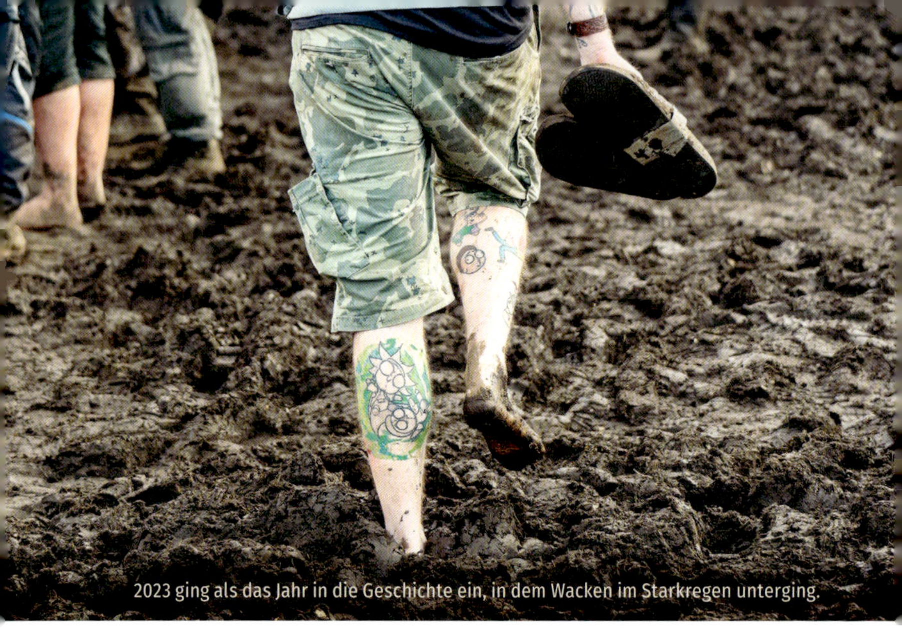

2023 ging als das Jahr in die Geschichte ein, in dem Wacken im Starkregen unterging.

spielen ja eh immer die gleichen Songs. Ansonsten freuen wir uns auf zwei weitere Tage im „Headbanger-Paradies", die wieder viel zu schnell vergehen, aber so viel kosten werden wie ein zweiwöchiger Pauschalurlaub auf Ibiza. So ist das halt. Wir haben dir zeitgleich noch ein Päckchen mit einer Hand voll aromatischem Wacken-Schlamm geschickt, aber die meinten, die Karte kommt wahrscheinlich schneller an. Es lieben und küssen dich

Irmi und Leffe

Da freut sich Mutti und pinnt die Karte gleich an den Kühlschrank. Und die beiden Wacken-Besucher haben ihre Pflicht getan und sich bei der buckeligen Verwandtschaft gemeldet. Da Irmi eh gerade im „Mail and Parcel Office" ist, fragt sie nach ihrem Paket von Zalando, das sie sich hierhin hat schicken lassen. Warum? Weil sie nun mal gerade hier ist und nicht zu Hause. Ist doch logisch. Und tatsächlich, das Paket ist da, Irmi probiert vier Hosen und drei Shirts an, packt alles wieder zusammen und drückt der Mitarbeiterin das Paket in die Hand. Alles viel zu klein, kann zurück. Dafür nimmt sie noch Wacken-Briefmarken und ein paar Luftpolsterumschläge mit. Unglaublich, was auf einem modernen Festival heute so möglich ist, oder?

AHA!

Very Important Pöbel

Regelmäßige Besucher werden im Laufe ihrer Wacken-Jahre sicher festgestellt haben, dass die Anzahl der verschiedenfarbigen Bändchen immer weiter zuzunehmen scheinen. Gab es früher den normalen Besucher, Musiker und VIPs und Techniker, bekommen mittlerweile alle möglichen Gruppen eigene Bändchen. Tausche Tagesticket Roadie Freitag gegen Händler Vorfeld bei Vollmond gegen Remouladeauffüller Fischmann nachmittags. Wer da durchsteigen will, muss den Studienkurs „Bändchen und ihre Berechtigungen“ für Fortgeschrittene absolviert haben.

Die meisten Trägerinnen und Träger von besonderen Bändchen machen sich nichts daraus, was da auf ihrem Fetzen Stoff am Handgelenk steht oder welche Farbe das Ding hat. Sie machen vor Ort ihren Job oder begleiten ihren Partner. Eine Gruppe allerdings ist besonders heiß auf ein ganz bestimmtes Bändchen: die B- bis Z-Prominenz, die es auch im Metal gibt. Wacken hat früh erkannt, dass es einen Unterschied macht, ob ein Medienmensch bei Arte arbeitet oder einen von drei Personen abonnierten Podcast mit dem Namen „Metal, Mosh und Malzkaffee“ betreibt. Deshalb wurden die VIPs schon früh in der Festivalgeschichte in zwei Kategorien eingeteilt: Very Important Persons und Very Important Pöbel.

Erstere sind ordentliche Musiker, echte Journalisten, Politiker, Models und persönliche Freunde der ausschlaggebenden Personen. Die zweite Kategorie sind Bands, die im vergangenen Jahr hier auf der Nachwuchsbühne aufgetreten sind und jetzt zum Zelten kommen, Hobby-Schreiber und Menschen, die jemanden kennen, der jemanden kennt. Die bekommen einen besonderen Platz auf dem Gelände zugewiesen, wo sie sich ein bisschen wichtig vorkommen können, nicht ganz so lange zur Hauptbühne brauchen und ansonsten niemanden stören. Viele der Hobby- und Nebenbeischreiber in diesem Gehege sind schon etwas betagter, haben das Resthaar noch einmal quer über die Murmel gekämmt, das „böseste“ Shirt aus dem Schrank gekramt (Thin Lizzy) und müssen sich alle zwei Stunden bei Ehemutti melden, weil in dem Alter ja auch schon gerne mal was passiert. Gerade im Dunklen und so. Gemeinsam mit anderen Veteranen schauen sie im Schnitt 2,4 Bands des laufenden Festivals an (mehr kennen sie auch nicht), schwadronieren mit Gesinnungsgenossen darüber, wie sie in den goldenen Achtzigern noch für „Zeit“ und „Spiegel“ vom Monsters of Rock berichten durften und haben sowieso schon alles erlebt. Schlurfen sie doch mal dorthin, wo die Musik spielt, stehen sie ganz weit am Rand, nicken ein bisschen und flüstern ihrem Nachbarn zu, dass Uriah Heep 1983 in der Stadthalle Braunschweig viel besser waren. Auch wenn gerade Alice Cooper auf der Bühne steht.

Sie sind selbstverständlich die ersten, die in ihrem Glamping-Zelt verschwunden sind. Wenn in Wacken gegen zwei Uhr morgens die Stimmung auf dem Höhepunkt ist, haben sie schon einige Stunden in Morpheus Armen verbracht. Kommt der Metal-Mob jedoch zur Ruhe, dann erwacht das Camp des Pöbels zu neuem Leben. Blasendrücken und senile Bettflucht lassen den alten Recken nicht ruhen, außerdem vermisst er seine Tageszeitung und ein schönes Brötchen mit Honig. Gut, Frühstückswagen sind in Wacken kein Problem, aber das Zelt ist dann doch etwas anderes als der Wintergarten im Eigenheim. Im Rücken drücken die verformten Wirbel, Kopf und Füße tun weh, das Leben ist ein verdammt harter Endgegner. Nie wieder, so schwören sie sich spätestens am Freitag, werden sie wieder ein verdammtes Festival besuchen. Die Zeiten sind einfach vorbei. Ein Jahr später bauen sie ihr Zelt doch wieder ächzend auf. Und es ist schön, dass es in Wacken einen Platz für diese Menschen gibt.

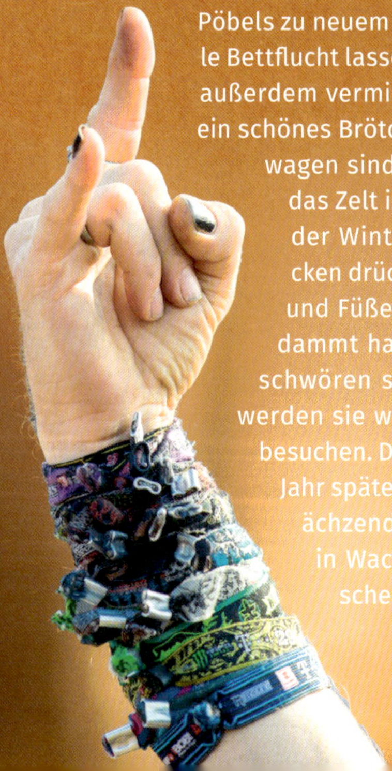

Auch Headbanger lieben Lebensmittel

Der Verfasser dieser Zeilen gehört noch zu der Generation, die mit den Eltern im Käfer in den Urlaub an den Gardasee fuhr und dabei Lebensmittel im Gegenwert einer Weltreise einführte. Schon Wochen vor Antritt der Fahrt wurden Konserven gekauft und ganze Gerichte eingekocht. Obwohl die italienische Küche zu den besten der Welt gehört, wusste man ja nicht, was der Südeuropäer einem da auf den Teller packen würde. Die waren ja auch 40 Jahre zuvor schon nicht verlässlich. Was wir mithatten, konnten wir nicht vermissen, also stapelten sich die Gläser, Büchsen und Hartwürste im Kofferraum. Dabei spielte es keine Rolle, dass wir jedes Jahr an den Gardasee fuhren und immer in den gleichen Geschäften einkauften, also eigentlich alle genau wussten, dass man in Norditalien nicht zwangsläufig an Hunger stirbt, auch wenn der eigene Magen in der südlichen Lüneburger Heide aufgewachsen ist. Meine Großeltern haben bereits bei Autofahrten, die länger als 50 Kilometer waren, unterwegs noch ein Picknick eingeplant, da sie sich nie sicher sein konnten, ob es so weit draußen überhaupt noch etwas Essbares gibt.

Heute haben wir die Globalisierung, was bedeutet, dass es eigentlich egal ist, ob ich in der Innenstadt von Kopenhagen, Berlin-Spandau oder Genua spazieren gehe, die Geschäfte sind im Groben die gleichen. Oftmals ähneln sie sich sogar vom Standpunkt her. Da der McDonald's, gegenüber ein Shop von Bodyfarm, daneben ein Yves Rocher und ein Aldi. Es nimmt sich alles nicht mehr viel. Wer vom Flughafen Heathrow mit der Bahn in Richtung Innenstadt fährt, entdeckt als erstes Geschäft einen Lidl-Markt. Die Romantik der Ferne ist flöten gegangen. Andererseits macht es das Reisen auch angenehmer. Man muss sich die eigene Karre nicht mehr bis zum Anschlag voll machen, vor Ort gibt es den gleichen Käse wie zu Hause.

Das ungefähr muss die Idee gewesen sein, als in Wacken der erste Supermarkt auftauchte. Und damit meine ich nicht den

Edeka im Ort oder die Supermärkte am Ortsrand, sondern ein Supermarktzelt mitten auf dem Gelände, aber vor dem Infield. Hier können Fans, die gerade noch bis zwei Uhr nachts mit Kreator die „Flag of Hate" gehisst haben, auf dem Weg zum Zelt noch eine Portion Kaffeeweißer und eine Rutsche Blasentee shoppen, bevor die Party vor der eigenen Polyamid-Hütte weitergeht. Es ist nicht bekannt, ob die Festival-Organisatoren wirklich von alleine auf die Idee gekommen sind oder sie sich irgendwo abgeguckt haben. Fakt ist, dass Wacken im Vergleich zu anderen deutschen Festivals relativ früh ein eigenes Supermarktzelt aufgebaut hat, damit das liebe Publikum seine goldenen Taler nicht zu weit wegschleppen möge. Seit 2019 ist der Supermarkt sogar noch mal professioneller aufgezogen, eine große Kette mit dem unmissverständlichen Namen Kaufland hat sich der temporären Goldgrube angenommen und vertickt überlebenswichtige Güter wie Holzkohle, Strohhalme, Bier und Kondome.

Logischerweise sehen das die Ladeninhaber im Ort nicht besonders gerne. Bisher halten sie sich mit der Kritik noch zurück, schließlich verdienen sie an einem Wacken-Wochenende trotzdem noch mehr als Weihnachten und Ostern zusammen (Schätzung). Aber die ewig langen Schlangen vor dem kleinen Markt mitten im Ort scheinen der Vergangenheit anzugehören. Und ein weiterer Wirtschaftszweig ist betroffen: Bis dato wartete die Dorfjugend zwischen zehn und 18 Jahren vor den Supermärkten, um die Einkäufe der Gäste per Bollerwagen, Go-Kart, Moped- oder Fahrradanhänger gegen ein kleines Salär zum ziemlich weit entfernten Zeltplatz zu bringen. Durch dieses Geschäftsmodell wurde die Wackener Jugend zur weltweit reichsten nach den Gören aus Beverly Hills und Hamburg-Blankenese. Der Yachtclub „Wacken Wasserbüffel U16" musste seine Pforten bereits schließen, weil die Teenager die aufwendige Wartung ihrer Boote nicht mehr finanzieren konnten. Das mag aber auch ein Gerücht sein.

Fakt ist, dass die große Supermarktkette Preise wie in jeder anderen Filiale verspricht und damit den kilometerlangen Marsch in den Ort überflüssig macht, was garantiert Folgen

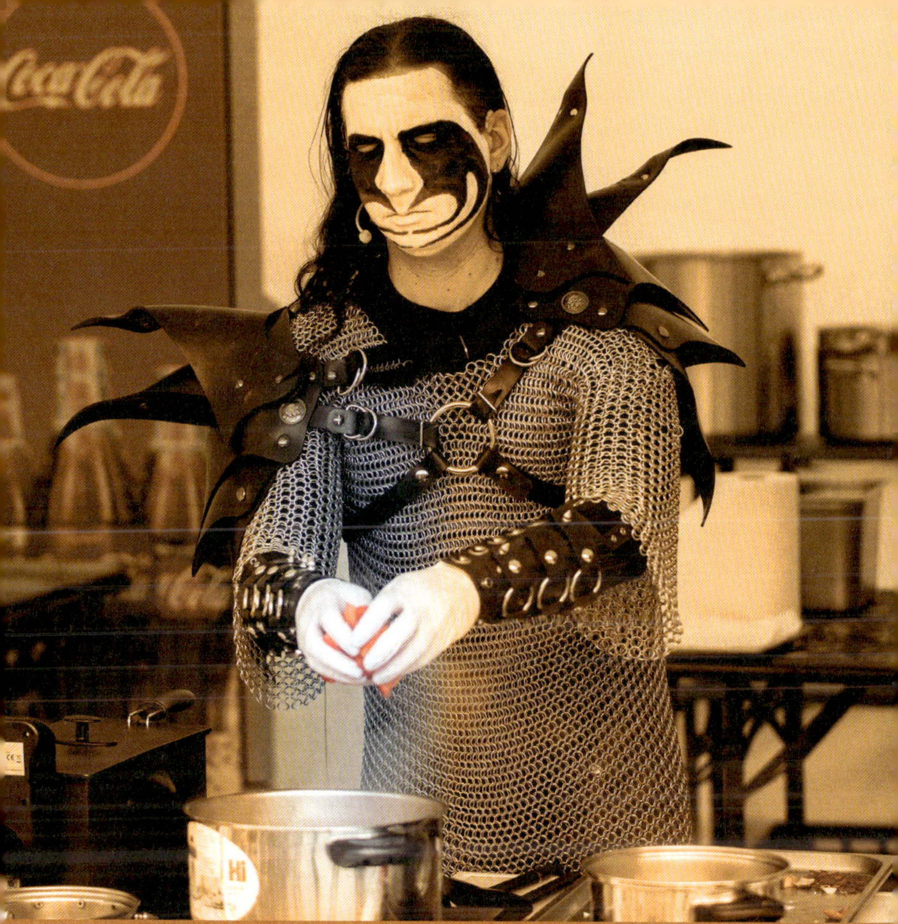

Headbanger mit Hang zu regionalen Produkten

haben wird. Welche, wird die Zeit zeigen. Natürlich sind die Imperatoren des dunklen Wackenreichs, denen auch in diesem Fall Kommerzgelüste unterstellt wurden, mit ihrem Latein noch nicht am Ende. Im Jahr 2022 sollte ein „Farmers Markt" aufgebaut werden, auf dem regionale Anbieter wie auf einem Wochenmarkt frisches Obst und Gemüse anbieten. Leider verhinderte Corona diese Premiere. Es hätte mich tatsächlich interessiert, wie Frau Hansen aus dem Nachbarort einem besoffenen Brasilianer die Zubereitung von Rosenkohl erklärt hätte. Aber vielleicht bekommen wir dieses Schauspiel in den nächsten Jahren geliefert. Die Chancen stehen gut.

Wacken und seine Geschwister

Das Wacken Open Air ist zu einer weltweit bekannten Marke herangewachsen. Da ist es nur logisch, dass sich das Team auch an anderen Projekten versucht. Außerhalb des Augustes haben sie ja alle eh nichts zu tun. Manche dieser „Schwesterveranstaltungen" sind ebenfalls sehr erfolgreich, andere wurden schnell wieder eingestellt.

Wacken-Roadshow

In den 2000er-Jahren waren die Roadshows eine feste Einrichtung. Drei oder vier Bands wurden als Tour-Package zusammengefasst und durch die Republik gejagt. Aufgrund relativ beliebig zusammengewürfelter Line-ups (offenbar sollte damit die stilistische Vielfalt des Festivals dargestellt werden) waren diese Shows oftmals übersichtlich besucht. Nach und nach wurden die Roadshows immer weniger, seit einiger Zeit sind sie ganz verschwunden.

Wacken Rocks

Ebenfalls in den 2000ern entstand das Wacken Rocks, war aber nur von kurzer Lebensdauer. Die Idee: Wir transportieren das Wacken Open Air in andere Regionen Deutschlands und veranstalten so eine Art Mini-Wacken für Bayern oder Schwaben. Die fuhren und fahren bis heute aber lieber zum Original als zur Kopie direkt vor der Haustür, also wurde diese Idee wieder eingestampft.

Full Metal Mountain

Was ist das größtmögliche Gegenteil von einem Festival auf dem platten Land im Sommer? Richtig, ein Festival in den winterlichen Bergen Österreichs. So einfach entstehen manchmal neue Konzepte. 2016, 2017 und 2018 wurde für jeweils eine Woche ins Nassfeld geladen, auf drei verschiedenen Bühnen traten Bands auf. Tagsüber vergnügte sich das Metal-Volk auf Skiern oder beim Jagertee. Klingt komisch? War es wohl auch. Die letzte Eintragung auf der Homepage der Veranstaltung stammt aus dem Oktober 2018, seitdem herrscht in den Bergen wieder der Steinbock.

Full Metal Cruise

Was fehlt nach Acker und Berg noch? Wasser. Die Full Metal Cruise ist eine Erfolgsgeschichte, die Fahrten auf einem Kreuzfahrtschiff über das Mittelmeer oder durch die Nordsee inklusive ordentlicher Live-Beschallung sind innerhalb weniger Stunden ausverkauft. Der Verfasser dieser Zeilen hatte 2018 das Glück, selbst an Bord sein zu dürfen und den Wahnsinn hautnah zu erleben.

Thomas Jensen, Richard Vogel, Doro Pesch und Holger Hübner bei der Pressekonferenz zur Full Metal Cruise 2012

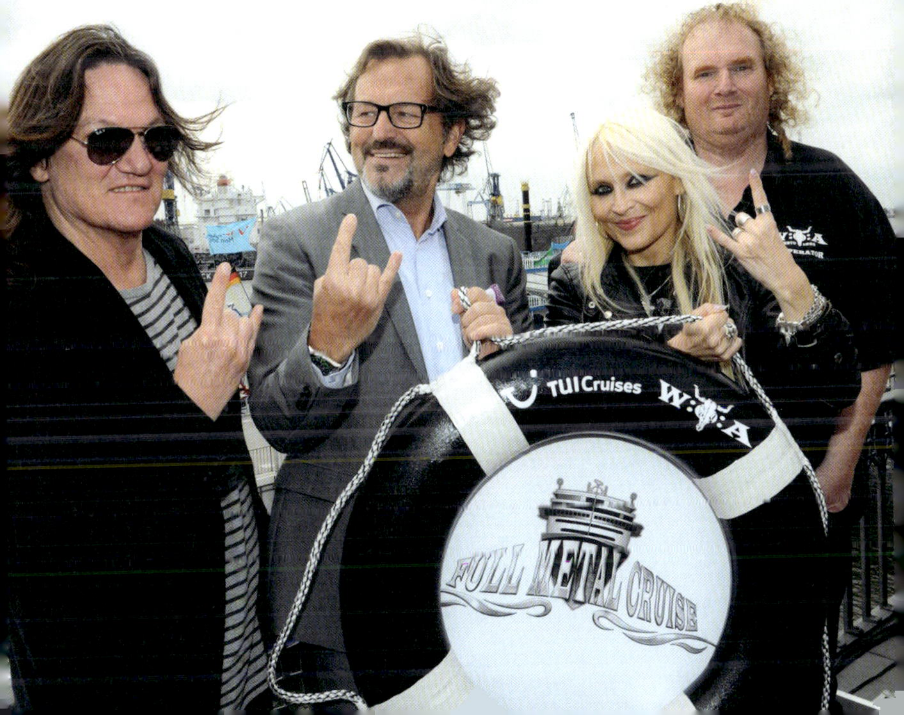

Full Metal Holiday

Während auf der Cruise Städte wie Barcelona, Valencia oder Marseille für wenige Stunden angesteuert werden, kann sich der Metaller bei den Full Metal Holidays gemütlich auf seine Liege auf Mallorca packen und dem Treiben zuschauen. Seit 2018 fallen Fans und Bands für eine Woche in eine Hotelanlage auf Malle ein und tun, was Touristen so tun. Saufen, Herumgammeln, alte Gemäuer begucken, in die Disko gehen, das Büffet plündern. Nur eben alles garniert mit Konzerten von Metalbands.

Wacken Winter Nights

Quasi der Full Metal Mountain nur ohne Berg. Diese Veranstaltung auf gewohntem Gelände sollte vor allem die Mittelalter-Fans ansprechen, die auch zahlreich erschienen. Von 3.500 Besuchern im ersten Jahr 2017 steigerte sich die Zahl 2019 auf 5.000. Alle drei Festivals waren ausverkauft. Da die Winter Nights allerdings im Februar stattfanden und die meisten Fans bei Minusgraden auf dem Campingplatz übernachteten, war das Konzept nicht vollends ausgereift. 2024 gab es am ersten März-Wochenende das Wacken Winter Nights Spectaculum im Landgasthof Wacken.

Hamburg Metal Dayz

Diese zweitägige Veranstaltung versteht sich als Szenetreff und bietet neben jeder Menge Gigs auch Diskussionsrunden und Fragestunden mit Vertretern von Plattenfirmen, Musikern und den Organisatoren des Wacken Open Air. Obwohl das Line-up auch hier recht willkürlich zusammengewürfelt scheint, sind die beiden Tage regelmäßig ausverkauft. Eine sehr entspannte Art, ein Wochenende im September in der Hansestadt zu verbringen.

Nattefrost und das Pilzragout

Bewegen wir uns in der Geschichte des Open Airs ein wenig zurück. In Wacken hat es etwas länger gedauert, bis sich der Black Metal als von allen (oder zumindest den meisten) als ernst zu nehmende Metal-Sparte durchgesetzt hat. Das mag an der eher melodischen Ausrichtung der Veranstalter, am herrschenden Zeitgeist im Kreis Steinburg oder der Konstellation der Sterne gelegen haben – es war auf jeden Fall so. Noch Anfang der 2000er-Jahre wurden Immortal mit Plüschtieren beworfen, was diese allerdings nur kurz aus der Fassung brachte; sie antworteten mit böser Miene (aufgemalt) und klirrender Kälte (musikalisch). Sportskamerad Nattefrost, den seine liebenden Eltern einst Roger Rasmussen tauften, war und ist bis heute also ein eher bunter Vogel, wenn er auf dem W:O:A auftritt und solo oder mit seiner Band Carpathian Forest seine schwarze Kunst zum Besten gibt.

Anno 2003 machte der kleine Mann mit der großen Wut im Bauch Station in Norddeutschland und gab am Nachmittag eine Kostprobe ab. Songs wie „Knokkelmann", „The Angel and the Sodomizer" und „Black Shining Leather" wurden zum Besten gegeben, den umjubelten Abschluss sollte „Bloody Fucking Necro Hell" bilden. Leider war Nattefrost nicht sonderlich wohl in seiner Haut, weshalb er quasi während des gesamten Songs auf sein Mikrofon reiherte. Das Publikum diskutierte über einen Showeffekt, tatsächlich war in den einschlägigen Metal-Postillen zu lesen, dass die Band an irgendeinem Grenzübergang zwischen Norwegen und Deutschland in eine Polizeikontrolle kam und Nattefrost seinen Vorrat an „magischen Pilzen" mit einem Happs vertilgte, bevor es Ärger mit der Staatsmacht geben konnte. Die Pilzmischung, in der definitiv keine Pfifferlinge und Champignons enthalten waren, wollten irgendwann wieder raus, unglücklicherweise ausgerechnet beim letzten Song. Der Meister selbst dementierte diese Version in Interviews energisch. Er

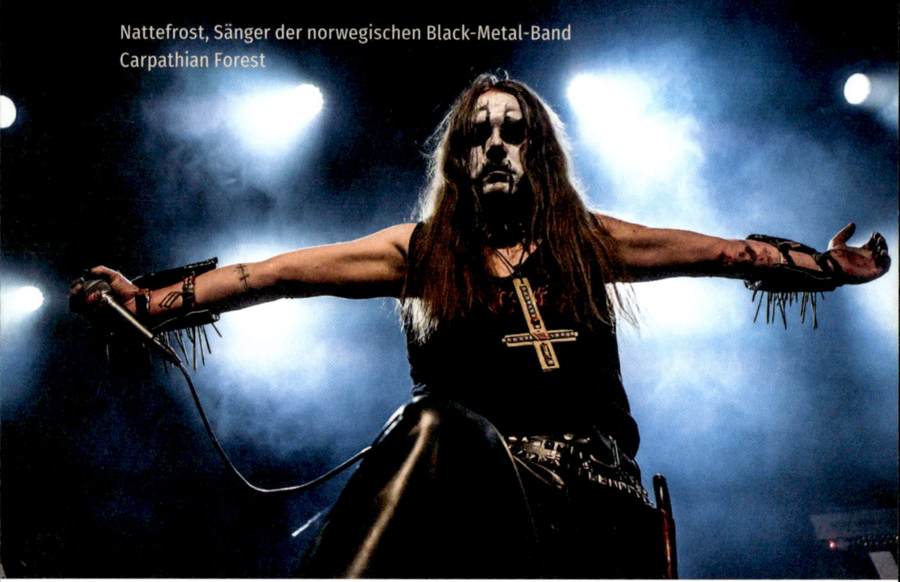

Nattefrost, Sänger der norwegischen Black-Metal-Band Carpathian Forest

habe am Abend zuvor einfach ein bisschen zu viel getrunken und schlecht geschlafen. Na sicher.

Immerhin zog der Künstler die Konsequenzen aus seinem Tun, nannte sein ein halbes Jahr später erscheinendes Solodebüt „Blood and Vomit“ und freute sich, seiner eigenen Ekelskala noch einen draufgesetzt zu haben. Freunde solcher Darbietungen finden bei YouTube heute noch einen Mitschnitt dieses Songs, einfach nach dem Titel „Bloody Fucking Necro Hell“ und „Vomito Version“ eingeben. Mahlzeit.

Nachtrag: Direkt nach dem denkwürdigen Auftritt wollte sich der Künstler in den Backstage-Bereich zurückziehen, was ein Bühnenmitarbeiter zu verhindern wusste. Der drückte dem Musiker einen Wischer in die Hand, auf dass er seine Sauerei bitte persönlich entfernen möge. Das tat Nattefrost tatsächlich, einige Anhänger, die in der ersten Reihe ausharrten, jubelten ihm bei seiner ungewöhnlichen Tätigkeit zu. Echte Hardcore-Fans. Das gebrauchte Mikrofon wurde dem Norweger hoffentlich geschenkt oder in der nahe gelegenen Nordsee versenkt. Möge es bitte nie wieder auftauchen.

Schädelweh

Marken von Weltruf haben ein eigenes Logo oder Erkennungszeichen. Das gehört sich so, Punkt. Wer immer irgendwo auf diesem Planeten drei Streifen nebeneinander sieht, denkt sofort an eine Schuh- und Bekleidungsmarke, ein speziell ausgeführter Stern lässt das dazugehörige Automobil vor dem geistigen Auge erscheinen. Vier ineinander gehakte Ringe ergeben schon wieder ein Auto, fünf davon die Olympischen Spiele. Und ein skelettierter Büffelschädel steht für Wacken. Dabei war das, wie viele große Entdeckungen der Weltgeschichte, eher Zufall.

Tatsächlich waren sich Jensen und Hübner relativ früh einig, ein eigenes Logo entwerfen zu wollen. Blöd nur, dass beide nicht zeichnen können. Also suchten sie nach einem Kumpel, der sich nicht gleich die Augen aussticht, wenn er einen Bleistift ansetzt. Der Legende nach war sogar noch ein weiterer Typ bei der Entwicklung des Logos beteiligt, er hört auf den Namen Daniels, Vorname Jack. Humor auf dem platten Land halt.

Während man sich heute im Bekanntenkreis vor Grafikdesignern und ähnlichem Getier kaum retten kann, sah das 1990 noch anders aus. Kein Profi in greifbarer Nähe, also schnappten sich Hübner und Jensen einen Amateur. Der Name dieser zu Unrecht in Vergessenheit geratenen Ikone der Markenzeichenentwicklung: Mark Ramsauer. Zefix, das klingt nach einem Batzi, tatsächlich arbeitete Mark bei der Breitenburger Milchzentrale in Itzehoe und fertigte einige Zeichnungen nach den Vorschlägen der zwei Initiatoren an. Darunter sollen sich ein durchbohrter Totenschädel und eine Pulle Schluck befunden haben. Beides abgelehnt, aber der mit der freien Hand gezeichnete Schädel, der war's und ist es bis heute. Hätte Ramsauer damals eine Beteiligung am Merch-Verkauf vereinbart, könnte er sich heute wohl die Milchzentrale kaufen. Aber wer ahnt denn so etwas?

Halunken und Ganoven

Wenn es um Heavy Metal und Gewalt geht, kommen meist zwei Fraktionen zu Wort: Die eine behauptet, Metal-Fans seien die friedlichsten Lebewesen der Welt, weil sie ihre Aggressionen durch Moshen und Headbangen loswürden. Einen Anhänger der harten Kost bringt nichts aus der Ruhe, er hat durch die gehörten Songtexte ja schon vor dem Frühstück mindestens drei Leute zersägt. Die anderen verweisen auf die explizite Gewaltdarstellung auf Covern und in Texten, den Lärmpegel und die „böse“ Attitüde. Wie immer dürfte die Wahrheit in der Mitte liegen. Eine Subkultur von der Größe der Metal-Bewegung, die weltweit Millionen von Anhängern hat, kann gar nichts anderes sein als ein Abbild der Gesellschaft. Deshalb gibt es solche und solche Kuttenträger. Die Faustformel, dass auf einem gewöhnlichen Schützenfest mehr Gewaltdelikte stattfinden als auf dem Wacken Open Air – auch gerne von den Kapitänen Jensen und Hübner persönlich vorgetragen –, dürfte trotzdem hinkommen.

Es ist schon beeindruckend, dass hier jährlich rund 90.000 Menschen am ersten Wochenende im August in eine Gemeinde mit knapp 2000 Einwohnern einfallen, mit jeder Menge Alkohol im Blut und im Kofferraum. Und trotzdem äußert sich die Polizei immer wieder lobend über die nicht alltägliche Klientel. Vor vielen Jahren waren „Fahrraddiebstähle“ auf dem Wacken mal ein Problem. Denn die Eintrittskarte für das Festivalgelände galt auch für das Freibad in Wacken. Wenn es mal gerade nicht regnete eine willkommene Abwechslung vom staubigen Festivalacker. Also „entliehen“ sich viele Headbanger einen Drahtesel, um damit zum Chlorgewässer am anderen Ende des Dorfes zu radeln. Dort tauchten die allermeisten Räder also wieder auf. Im wahrsten Sinne des Wortes.

Im Mittel werden rund 15 bis 20 Körperverletzungen pro Festival angezeigt, eine Zahl, von der Bundesliga-Vereine pro Spieltag nur träumen können. Ausgerechnet die legendäre Schlammschlacht von 2023, bei der tausende von Fans trotz Karten nicht mehr auf das Gelände gelassen werden konnten, geht laut Polizeibericht als das bisher friedlichste Wacken in die Geschichte ein. Das größte Problem zwischen Aasbüttel und Vaalermoor sind tatsächlich Diebstahlsdelikte, allerdings nicht begangen von den Zuschauern, sondern von anderen, die sich denken: Hey, da stehen 40.000 Zelte rum, deren Bewohner entweder auf dem Gelände herumtoben oder in einen tiefen Bierschlaf versunken sind. Und schon steht die temporäre Unterkunft ziemlich nackt da. Schlafsack, Laptop, Bargeld aus dem Versteck: Diese Profis suchen und finden. Das Problem hat Wacken nicht exklusiv, viele Veranstalter von Open Airs beklagen, dass sich mittlerweile regelrechte Spezialisten zu Banden zusammengeschlossen haben und im Sommer über die Zeltplätze streifen. Zelte werden in der Nacht aufgeschlitzt und geplündert. Die Langfinger sind mittlerweile so clever, dass sie sich als Metal-Fans „tarnen“, um im Gewühl nicht aufzufallen. Ganz schön perfide. Wenn ein angetrunkener Schwede von zwei Metern Körperlänge nachts zu seinem Zelt wanken und so einen Zelträuber auf frischer Tat ertappen würde, gäbe es jedenfalls einen Vorfall in Sachen Körperverletzung mehr, das ist mal sicher.

Eine weitere Gesetzesüberschreitung findet sich hier und da im Bereich Lärmbelästigung. Seltsamerweise wird diese aber so gut wie nie von den Fans angezeigt, sondern nur von einzelnen Nachbarn, die einfach nicht verstehen wollen, dass ein Riff von Megadeth erst dann einen Sinn ergibt, wenn man es auch fühlen kann. 2013 kam eine länger schwelende Auseinandersetzung zwischen einigen Nachbarn in Wacken und den Veranstaltern zum Ende. Wacken verpflichtete sich, 1.000 Euro an die Gemeinde zu spenden, wenn ein bestimmter Wert im Mittel überschritten wird. Hübner und Jensen lachen wahrscheinlich heute noch. Gleiches dürfte für die Polizisten gelten, die 2017 eine unglaubliche Beschwerde zur Kenntnis nehmen mussten. Ein Wacken-Besucher, der auf dem Zeltplatz nächtigte, brachte eine Beschwerde wegen Lärmbelästigung an. Die Beamten rieten der Schnarchnase, ein paar Ohrstöpsel zu benutzen, und schickten ihn wieder auf den Campingplatz. So etwas kann passieren, wenn ein Festival so groß wird, dass es Leute anzieht, die vor Ort eigentlich gar nichts zu suchen haben.

Im Jahr 2022 kam es zu einer kuriosen, aber doch recht kostenintensiven Straftat, als ein Besucher des Festivals einen Schaden in Höhe von rund 15.000 Euro an einem Bundeswehrpanzer verursachte. Nun stehen in Wacken normalerweise keine Panzer in der Gegend herum, aber in diesem Jahr war die Truppe vor Ort, um neues Personal anzuwerben. Und damit die Interessierten gleich mal wissen, mit welchem Gerät sie demnächst durch die Lüneburger Heide bolzen, hatte die Bundes-

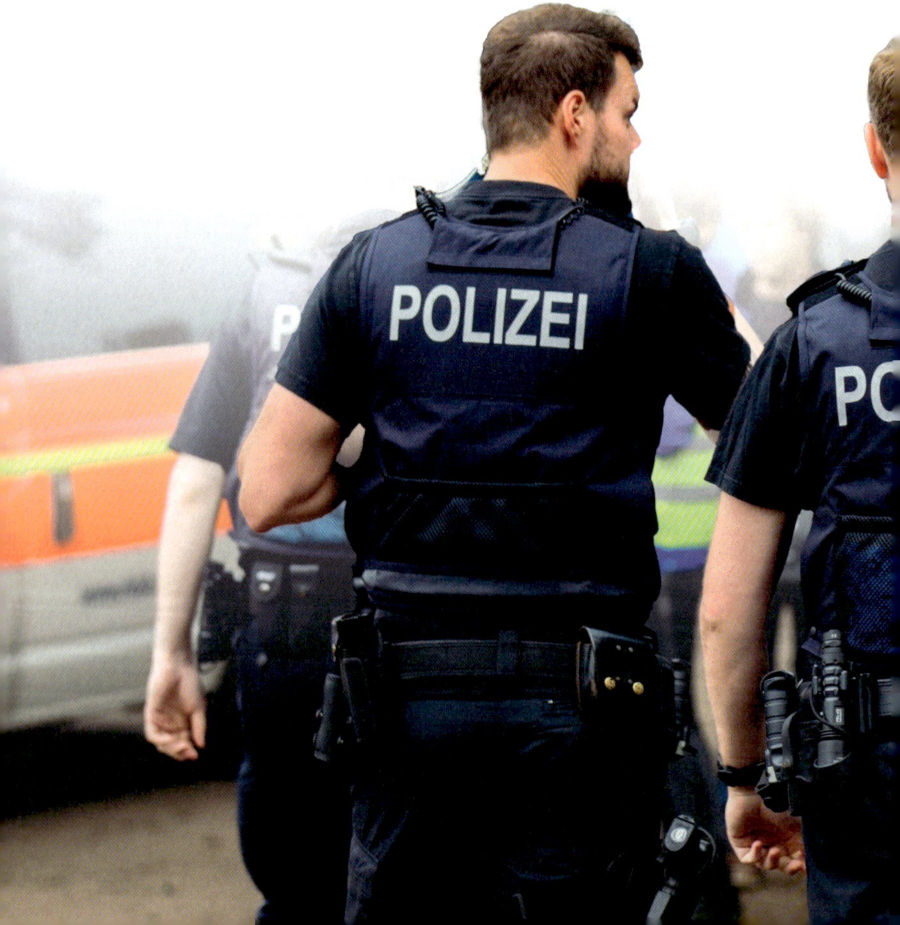

wehr einen Panzer mitgebracht, der auch besichtigt werden konnte. Ein Besucher begab sich ins Innere der Blechbüchse und löste, ob unbeabsichtigt oder als Statement, die Löschanlage des Gefährtes aus. Anschließend flüchtete der junge Mann, der nach der Beschreibung eines Bundeswehrmitarbeiters um die 25 Jahre alt war, ein schwarzes Shirt und eine Kappe mit Motörhead-Aufschrift trug und vermutlich Metal-Fan war. Da diese Beschreibung auf geschätzt 7.000 Besucher des Open Airs zutreffen dürfte, konnten die Feldjäger gleich mal ihre Fähigkeiten unter Beweis stellen. Der Mann tauchte aber scheinbar erfolgreich im allgemeinen Trubel unter. Und das, wo unsere Truppe doch ohnehin schon kein Geld hat.

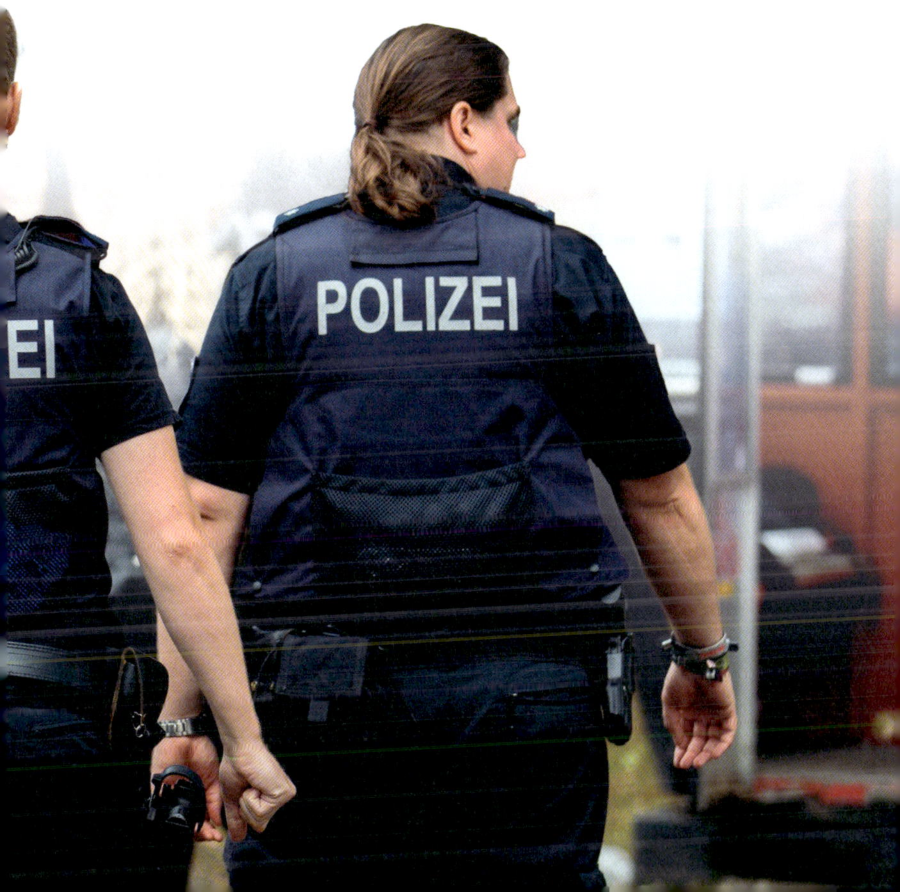

Tod unterm Schädel

In kaum einem Musikgenre wird so viel über den Tod gesungen, wie im Heavy Metal. Es wird gewarnt, gepriesen, gemutmaßt und fabuliert. Unsere Lieblingsbands tragen den Tod im nächsten oder weitesten Sinne im Namen, die Cover und Shirts werden von Totenköpfen, Gräbern und Mordwaffen geziert. Das war schon immer so (Beschwerden gehen bitte an Black Sabbath) und wird auch hoffentlich immer so bleiben. Taucht der Schnitter dann aber mal tatsächlich in der Mitte der Metal-Fans auf, dann herrscht hier wie überall Trauer und Entsetzen.

Die Logik bedingt es, dass uns immer mehr alte Helden verlassen. Manchmal schneien wöchentlich Nachrichten vom Ableben beliebter Musiker herein, die Tode von Ikonen wie Lemmy oder Dio sind noch mal ein bisschen schlimmer. Es fühlt sich an, als würde man einen Freund, der einen 20, 30 oder noch mehr Jahre begleitet hat, verlieren. Nicht minder dramatisch ist es, wenn ein Fan bei der Ausübung seines liebsten Hobbys ums Leben kommt. In Wacken selbst gab es bisher vier Todesfälle, was angesichts der Massen an betrunkenen Menschen auf bisweilen seifigem Untergrund keine besonders hohe Zahl ist. Doch natürlich ist jedes Opfer eines zu viel.

2005 erwischte es den ersten Headbanger: Der stark alkoholisierte 37-jährige Mann fiel nach hinten um. Unglücklicherweise befand sich in seinem Rücken ausgerechnet ein Rettungswagen, der in Schrittgeschwindigkeit über das Gelände fuhr. Der Betrunkene schlug dermaßen hart mit dem Kopf gegen das Fahrzeug, dass er im Krankenhaus an seinen Verletzungen verstarb. Die Veranstalter starteten eine Spendenaktion für seine Familie, im folgenden Jahr wurde auf dem ganzen Gelände eine Schweigeminute abgehalten.

2011 randalierte sich ein Besucher im Dorf dermaßen in Rage, dass er nach seiner Festnahme an einem Herz-Kreislauf-Kollaps verstarb. Wir sehen, unnötige Aufregung führt zu nichts außer zu totalem Organversagen. 2012 bettete ein erst 22-jähriger Besucher sein Haupt unter der Plane eines Pkw-Anhängers. Unter dem Anhänger lief ein Stromaggregat, dessen Abgase unter die Plane zogen und den jungen Mann aus Süddeutschland vergifteten. Die Rettungsversuche seiner Freunde kamen zu spät. Nur ein Jahr später, es war eines der heißesten Wacken Open Airs der Geschichte, verstarb ein 52-jähriger Besucher aus Polen in seinem Zelt, die Polizei konnte Fremdvorschulden oder einen Unfall ausschließen.

Ist man ganz genau, so gibt es sogar noch einen fünften Todesfall, den bisher einzigen weiblichen. Denn im Jahr 2011 wurde eine junge Frau im Alter zwischen 18 und 20 wenige Kilometer vor dem Gelände von einem Lastwagen überrollt und starb. Sie und ihre Gruppe hatten ihren Wagen abgestellt und standen vor selbigem, als der Lkw von der Strecke abkam und in die jungen Leute fuhr. Alle wurden schwer verletzt, eine Unglückliche erlag ihren Verletzungen. Ob das Auto eine Panne hatte oder die Fans nur eine Pause machen wollten, konnte nicht geklärt werden.

Neben diesen vier (beziehungsweisen fünf) Extremfällen haben die Sanitäter natürlich auch sonst eine Menge zu tun. Mal experimentieren ein paar Jungs mit garantiert nicht vom TÜV zertifizierten Böllern auf dem Zeltplatz, mal explodiert die Gaskartusche eines Grills, mal scheppern Mitarbeiter des Festivals mit ihren Quads zusammen, obwohl das Festival schon vorbei ist. Timo Kotipelto suchte sich für seinen Unfall 2003 eine der beiden Hauptbühnen aus, als der Sänger von Stratovarius einem Pyroeffekt zu nahe kam und seinen Arm grillte. Der blonde Barde zog das Programm damals weiter tapfer bis zum Ende durch, um anschließend ins Krankenhaus gebracht zu werden. Und solange es bei ein bisschen verbrannter Haut oder ein paar Schürfwunden bleibt, ist ja auch alles okay. Open Airs sind eben kein Streichelzoo. Eintritt auf eigenes Risiko.

Wacken. Eine Zeitreise

1989/90 Zwei Kicker-Kumpels, der eine Musiker, der andere Rock-DJ, hocken in der Kneipe beim Bier zusammen und entwickeln die Schnapsidee, in ihrem Kaff ein zweitägiges Musikfestival auf die Beine zu stellen. Der örtliche Rockerclub „No Mercys'" und zahlreiche Freunde und Familienangehörige helfen. Das Wacken Open Air wird geboren und zieht gleich bei seiner Premiere beachtliche 800 Leute an. Es spielen ausschließlich deutsche Bands. Die Bühne ist selbst gebaut, der Eintritt kostet zwölf Mark. Zelten ist bereits möglich, was die meisten Besucher in Anspruch nehmen und damals keinesfalls üblich ist.

1991 Die Herangehensweise bleibt die gleiche, aber man lernt aus den Fehlern des Debüts. Mit den Shanhai'd Guts und einer AC/DC-Coverband aus Hamburg, die den einfallsreichen Namen Bon Scott trägt, sind zum ersten Mal auch etwas bekanntere Namen im Line-up vertreten. Das Publikum dankt es, der Zuschauerschnitt kann fast verdoppelt werden. Da sich die Organisatoren aber verkalkuliert haben (unter anderem ist die Security-Mannschaft viel zu groß) bleibt ein Minus von 25.000 Mark, das die unerfahrenen Organisatoren mitschleppen und fleißig vergrößern. In diesem Sommer gehen auch AC/DC, Metallica, Mötley Crüe und weitere Bands gemeinsam unter dem Namen „Monsters of Rock" auf Europatour und füllen die Stadien. Gut möglich, dass sich die jungen Hübner und Jensen davon haben inspirieren lassen. Es ist zu dieser Zeit also möglich, mit dem richtigen Konzept ein Stadion von 60.000 oder mehr mit Metalheads zu füllen.

1992 Wacken entwickelt sich langsam zu einer ernstzunehmenden Adresse, wenn es um Metal-Festivals geht. Erstmals werden Bands aus dem Ausland eingeladen, darunter Highlander, Bai Bang und das britische Urgestein Saxon. Dies ist der Beginn einer mittlerweile über 30 Jahre andauernden Freundschaft zwischen Band und Veranstalter-Team, die später sogar das Management der Angelsachsen übernehmen und sie immer wieder auf das Festival buchen. Ein weiterer Quantensprung ist die Verpflichtung von Blind Guardian, die damals als aufstrebende und bei den Fans extrem beliebte Band ihren ersten Auftritt auf dem Acker absolvieren. Es wird bei weitem nicht der letzte sein. Die Zuschauerzahl verdoppelt sich abermals.

In den letzten Jahren ist das Festival gewachsen, der Schulden- 1996
berg allerdings auch. Die Eltern der Veranstalter müssen Bürgschaften unterschreiben, damit überhaupt noch etwas geht. 1996 wird zum Schicksalsjahr, denn das Veranstalter-Team geht ein hohes Risiko ein. Die Böhsen Onkelz werden verpflichtet, was zur Folge hat, dass mehrere Bands ihre Zusage zurückziehen und auch Zuschauer Karten stornieren. Dafür ziehen die vier Jungs aus Frankfurt alleine 10.000 Fans (nicht alle davon gerne gesehen), die nur für diese Band anreisen. Dem Patienten Wacken Open Air geht es besser, aber er ist noch nicht über den Berg. Da das Festival trotz allem weiter wächst, tritt Bauer Trede auf den Plan und bietet einige seiner Flächen an. Der Landwirt mit Geschäftssinn treibt die Professionalisierung (andere sagen Kommerzialisierung) voran. Und noch ein weiteres, langjähriges Teammitglied wird gewonnen: Thomas Hess (gestorben 2018), bis dato Tourmanager der Böhse Onkelz, wird bis zu seinem Tod erst Sicherheits-, dann Produktionsleiter von Wacken.

Erstmals gibt es mit der W.E.T. Stage (Wacken Evolution Tent) 1996
eine dritte Bühne. Heute sind es je nach Zählweise acht bis neun. Hier treten vor allem unbekanntere Bands und Nachwuchshoffnungen auf, so ist es zumindest gedacht. Aber wie bei allen Bühnen verwässert das ursprünglich angedachte Konzept schnell, und die Bands werden ziemlich frei hin- und hergeschoben. Wacken knackt zum ersten Mal offiziell die Marke von 10.000 verkauften Karten für das Festival, neben Overkill und Dissection

(dessen Kopf Jon Nödtveidt wenige Monate nach dem Auftritt wegen Beihilfe zum Mord zu zehn Jahren Gefängnis verurteilt wurde) stechen vor allem Rockbitch mit ihrem Auftritt hervor. Die britische Rock-Band, die fast nur aus Frauen bestand, vollführt sexuelle Rituale auf der Bühne (und zwar ohne Netz und doppelten Boden) und war heftig umstritten. Heute wäre eine solche Combo, zumindest abseits sündiger Meilen, undenkbar.

.... **2000** Zehn Jahre Wacken, zehn Jahre Jubel, Trubel und Heiterkeit. Großartige Bands, die heute längst in den ewigen Jagdgründen weilen (Sentenced, Entombed, Dark at Dawn, Hades, Samson, Grim Reaper) bespaßen das Volk, zum ersten Mal wird der „Wacken Beergarden" etabliert. Als besonderes Leckerli wird die Prager „Erotikqueen" Chantal Chavalier auf die Bühne gejagt. Die sieht schon 2000 nicht mehr aus wie frisch aus der Fabrik, wackelt ein wenig mit ihrem Inventar und ist ungefähr so Metal wie ein toter Aal. Egal, die Stimmung ist bestens, die Fans feiern 70 Bands, insbesondere Iced Earth, Testament und Six Feet Under kommen gut weg und kümmern sich nicht um morgen. Vielleicht eines der besten Wacken aller Zeiten.

.... **2002** In diesem Jahr gibt es gleich mehrere Neuerungen, die den Test der Zeit bestehen und über viele Jahre bis heute fest zum Wacken-Inventar gehören. Einerseits startet der „Metal-Train" von Zürich aus und sammelt auf seinem Weg an die Küste diverse durstige Gesellen auf, die bereits im Zug feiern, als wären sie auf dem Festival. Andererseits wird zum ersten Mal der „Soccercup" ausgerichtet, ein reines Spaßturnier, das im Laufe der Jahre immer professionellere Züge annimmt und schließlich sogar im WM-Modus ausgetragen wird. Erstaunlich, dass die Fifa da noch nicht die Hand draufhat.

.... **2004** In Wacken gehen die Dinge ihren gewohnten Gang. Obwohl organisatorisch immer wieder mal etwas hakt (was bei der immer weiter steigenden Größe kein Wunder ist), sind dies vielleicht die goldenen Jahre des Festivals. Der Hype ist groß genug, dass man als Besucher immer wieder ins Staunen gerät, aber noch nicht so ausgeufert, dass wirklich jeder Hinz und Kunz auf den Acker stolpert, obwohl er oder sie noch nicht mal AC/DC buchstabieren kann. Klingt ein wenig romantisierend und rückwärtsgewandt? Ja, ich will mein Wacken wieder haben! Entschuldigung, es geht schon wieder. Ach ja, die Onkelz waren in diesem Jahr auch wieder da, was aber nicht ansatzweise für so viel Wirbel sorgte wie acht Jahre zuvor.

Das Ende der Fahnenstange in Sachen Besucher ist mit 62.500 2006
Fans in diesem Jahr erreicht. Sagen zumindest die Veranstalter, nur um im nächsten Jahr das Gelände umzuplanen und noch mehr Leute unterzubekommen. Die Anreisestaus werden immer länger, Polizei und Zoll postieren sich schon Kilometer vor Wacken, um Autos nach Drogen, Waffen und Terrorplänen zu durchsuchen. Zumeist mit sehr magerem Erfolg. Auf den Bühnen tummeln sich nur 56 Bands, so wenig wie seit 1997 nicht mehr. Ein Ausreißer, wie die folgenden Jahre zeigen werden. Das Wacken-Radio wird gegründet und beschallt das Internet seitdem 24 Stunden am Tag mit Metal.

Zum letzten Mal steigt das Wacken mit einer zweistelligen Zahl 2009
an Bands, darunter befinden sich leider Frei.Wild, die viele Besucher nicht auf diesem Festival sehen wollen. In den Foren und vor Ort wird leidenschaftlich diskutiert, letztlich treten sie auf und verschwinden wieder. Trotzdem ist diese Verpflichtung eine Entscheidung, die viele Fans nicht verstehen. Es gibt wahrlich genug andere Bands da draußen, die gerne in Wacken spielen würden. Einmal mehr werden Kommerz-Vorwürfe laut. 2009 ist es auch vorbei mit der schönen Tradition, sich die Wacken-Karte zu Weihnachten schenken zu lassen. Die Ausgabe 2009 ist bereits vor Weihnachten 2008 ausverkauft. Der Wahnsinn nimmt seinen Lauf.

2011 Der Verkauf für das immer noch so genannte „X-Mas Package“ für das Wacken 2012 startet nach dem Festival, das Paket ist innerhalb von 45 Minuten ausverkauft. Den Fans ist es mittlerweile tatsächlich egal, wer im kommenden Jahr auf dem W:O:A spielen wird (2011 treten unter anderem Avantasia, Blind Guardian und Helloween auf), sie möchten dabei sein. Dabei ist auch Meister Ozzy Osbourne, der das Wacken in einem Interview als „Disneyland“ bezeichnet hat. Ob das seine Idee war oder ob ihm das jemand eingeflüstert hat, um sein eigenes Ozzfest besser dastehen zu lassen, bleibt unklar. Geschenkt, mit dem hüpfenden Sänger aus Birmingham kann eine weitere Legende von der To-do-Liste gestrichen werden. Fehlen eigentlich nur noch Metallica und AC/DC.

2014 Die Mutter aller Wacken-Veranstaltungen, die ICS GmbH, zu der unter anderem auch das Label Wacken Records (existiert wohl nicht mehr eigenständig) und der Ticketanbieter Metaltix gehören, verlegt ihren Firmensitz vom nahegelegenen Dörpstedt nach Wacken. Nun ist quasi alles unter einem Dach, alles aus einer Hand. 5th Avenue, die zum allerersten Billing des Wacken gehörten, dürfen auch mal wieder auftreten und werden so langsam, ähnlich wie Skyline und Subway to Sally, in der Inventarliste geführt.

2018 Boah, jetzt wird’s hektisch. Nicht weniger als 196 Bands treten am verlängerten Wacken-Wochenende auf, bis heute (Stand: Anfang 2024) absoluter Rekord. Wer hier all seine Lieblinge sehen will, braucht ein Studium in Organisation, ein gutes Paar Wanderschuhe und starke Nerven. Denn der Weg von Alestorm bis Zeal & Ardor ist weit. Die leidigen Band-Überschneidungen (mehrere Lieblingscombos spielen zeitgleich auf verschiedenen Bühnen) sind in Wacken ja schon ewig ein Thema. In diesem Jahr erreichen sie ein neues Niveau.

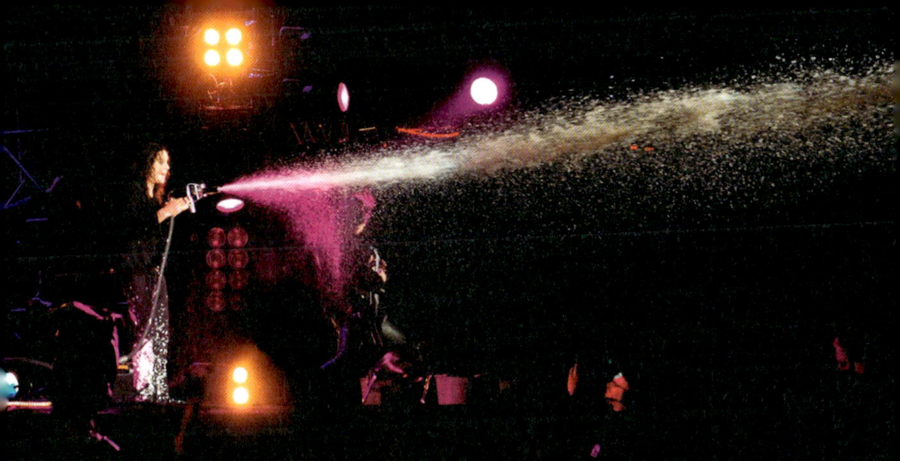

Ozzy Osbourne sorgt mit einem Wasserschlauch für Abkühlung während des Festivals 2011.

Nanu, warum ist das denn so still hier? Die Corona-Pandemie legt die komplette Welt lahm. Die Veranstalter geben trotzdem nicht ganz auf und organisieren „Wacken World Wide“, ein digitales Festival, bei dem diverse Bands in ihren Proberäumen oder auf Bühnen (ohne Publikum) live auftreten und diesen Auftritt streamen. In dieser Situation eine gute Lösung, aber natürlich kein Vergleich zu einem echten Festival. Das merken die Fans spätestens, als sie versuchen, eine Schlammpfütze auf den Wohnzimmerboden zu zaubern. 2020

Die Schlammkatastrophe. Zwischen 20.000 und 25.000 Fans (je nach Quelle) müssen nach Hause geschickt werden, selbst die Tagesschau berichtet. Einzelschicksale von Fans, die tausende Kilometer umsonst angereist sind, machen die Runde. Einige Fans okkupieren den Parkplatz am Hamburger Volksparkstadion und starten ihr eigenes Wacken inklusive Livestream vom Gelände. Obwohl viele Fans wütend und enttäuscht sind, verhalten sich die allermeisten verständnisvoll und erkennen in dem unter Wasser stehenden Acker die Zeichen höherer Gewalt. Obwohl das Veranstalterteam alles Menschenmögliche unternimmt und das Festival auch in abgespeckter Form stattfindet, dürfte es die größte Katastrophe für Wacken aller Zeiten gewesen sein. 2023

AHA!

Keinen Bock auf Ziegenbock

Das wunderschöne Klischee, Heavy Metal sei die Musik des Satans und alle Anhänger (also auch alle Wacken-Gänger) würden in ihrer Freizeit den Gehörnten anhimmeln (bzw. anhöllen), hält sich selbst im 21. Jahrhundert noch hartnäckig. Das mag auch daran liegen, dass viele Bands umgedrehte Kreuze, Pentagramme und die Zahl 666 verwenden. Dass dies hauptsächlich (Ausnahmen bestätigen die Regel) aus Image- und Abgrenzungsgründen geschieht, ist ebenfalls ein alter Hut, es wurde bereits unzählige Male erklärt. Abgesehen davon ist Satanismus auch eher ein Sammelbegriff, unter den diverse Strömungen fallen. Während sich die Traditionalisten auf Gottheiten berufen, beten moderne Satanisten keine Fabelwesen mehr an. Es gibt Strömungen mit starker Bindung an die Natur, andere sind anarchistisch oder rechtsextrem orientiert. Es gibt keine offizielle Zahl, wie viele ernsthafte Satanisten in Deutschland umherwandeln, manche sprechen von einigen hundert, andere von 60.000 oder mehr. Anders als die staatlich anerkannten Kirchen können Satanskulte ihre „Spenden" nicht über das Finanzamt abrechnen lassen, das macht eine Schätzung schwierig.

Fakt ist allerdings, dass Wacken ganz sicher nicht der Ort ist, von dem aus das Vieh mit dem Pferdefuß seinen Siegeszug auf dieser Welt antreten wird. Trotz gewisser optischer Ähnlichkeiten mit dem Wacken-Büffel und der Tatsache, dass kurz hinter Itzehoe schon Bands wie Mayhem, Dimmu Borgir (hihi) und Venom lärmten, ist auch die andere Seite stark vertreten. Seit 2013 verwandelt sich die evangelische Heiligen-Geist-Kirche im Herzen von Wacken (gemeint ist der Dorfkern, nicht der Acker) in die „Metal Church". Dort können christlich orientierte Metal-Fans die heilige Messe feiern. Sogar die Katholiken machen mit. Und ob man es glaubt oder nicht, das kleine Gemäuer ist zu diesen Veranstaltungen brechend voll, wenn der Gospelchor zum Beispiel „Engel" von Rammstein anstimmt (vor der Row-Zero-Geschichte).

Auch esoterisch bewanderte Musiker wie Uli Jon Roth oder Bands wie Aeverium sind im Rahmen des Festivals hier schon aufgetreten. Draußen auf der Hauptstraße lauern verschiedene Freikirchen auf zahlungswilliges Volk und wollen über Gott reden. 2017 verteilten sie hier sogar eigens gedruckte Metal-Bibeln. Ob die vier Evangelisten darin Lemmy, Ronnie, Rob und Ozzy heißen, konnte nicht erörtert werden.

Sollte sich der christliche Headbanger dann auf dem Gelände von zu vielen gereckten Pommesgabeln umgeben sehen, hilft direkt neben der Hauptbühne ein Seelsorger-Team. Dieses, so die Homepage der Kirche, sei nicht zum Missionieren unterwegs, sondern um Menschen in Notsituationen beratend zur Seite zu stehen. Das muss gar nichts mit dem Festival zu tun haben, die Probleme können auch anderer Natur sein. Kurzum, wer sich selbst zu der Lämmerschar des Heiligen Vaters zählt, kann bedenkenlos aufs W:O:A gehen und findet mitunter sogar Gleichgesinnte. Es gibt halt nur bessere Musik und mehr zu trinken als auf einem Kirchentag.

Umgedrehte Kreuze, Pentagramme und unheimliche Verkleidungen gehören zu Wacken.

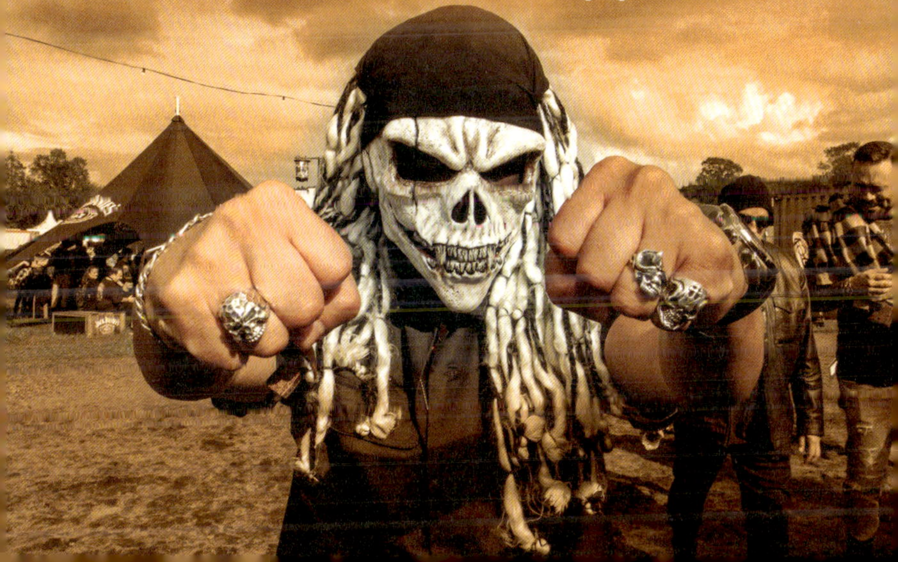

Mit allen Fingern an den Knöpfen

Der Rocker früherer Tage besaß überschaubare Interessen: Alkohol, Drogen, Partys und Groupies. Zwar wurden diese Stereotypen vereinzelt auch schon vor 30 oder 40 Jahren angeprangert, aber das interessierte ehrlich gesagt niemanden so wirklich. Mötley Crüe, W.A.S.P., Manowar, AC/DC, Van Halen und die gesamte Hairsprayfraktion aus Los Angeles von Poison bis Ratt verherrlichten diesen Lebensstil in Wort und Bild. Und das verfestigte sich im Mainstream. Besorgte Eltern und Großeltern sehen in langhaarigen Männern in Lederjacken bis heute drogenverseuchte, sexgierige, dem Satan huldigende Monster. In unserer heutigen, politisch eindeutig korrekteren Zeit sind diese Zutaten für einen gelungenen Abend allerdings längst verpönt. Zwar gibt es sicher noch das eine oder andere Gelage im Backstagebereich, aber es wird immer seltener. Die älteren Musiker kämpfen mit ihrer biologischen Uhr, die jüngeren scheinen einfach andere Interessen zu haben.

Was damals wie heute gleichgeblieben ist, ist die Tatsache, dass eine Band auf Tour vielleicht für zwei Stunden pro Tag beschäftigt ist. Die restlichen 22 stehen zur freien Verfügung. Was aber tun, wenn Suff, Pülverchen und willige Geschlechtspartner/innen nicht in den Bus dürfen und der Manager die Tourkasse unter Verschluss hält? In Wacken wurde ab 2018 Abhilfe geschaffen und das Full Metal Gaming Village ins Leben gerufen. Wer mit beiden Händen am Controller hängt, kann keine Dummheiten mehr machen. Hier zocken Fans gegeneinander, Mucker gegen ihre Roadies, Männer gegen Frauen und Profis gegen Megaprofis. Gitarristen von Prog-Metal-Bands sind beim Zocken übrigens klar im Vorteil, von wegen Fingerfertigkeit und so. Was Games wie „World Of Tanks“ oder „A Year Of Rain“ mit Heavy Metal oder einem Open Air zu tun haben? Nichts, aber man muss die Leute halt da abholen, wo sie stehen. Oder mit einer Pulle Diät-Cola und einer Rolle Pringles in ihrer Miefbude sitzen, um

Metalheads zocken gern – sowohl an der Konsole als auch am Kicker.

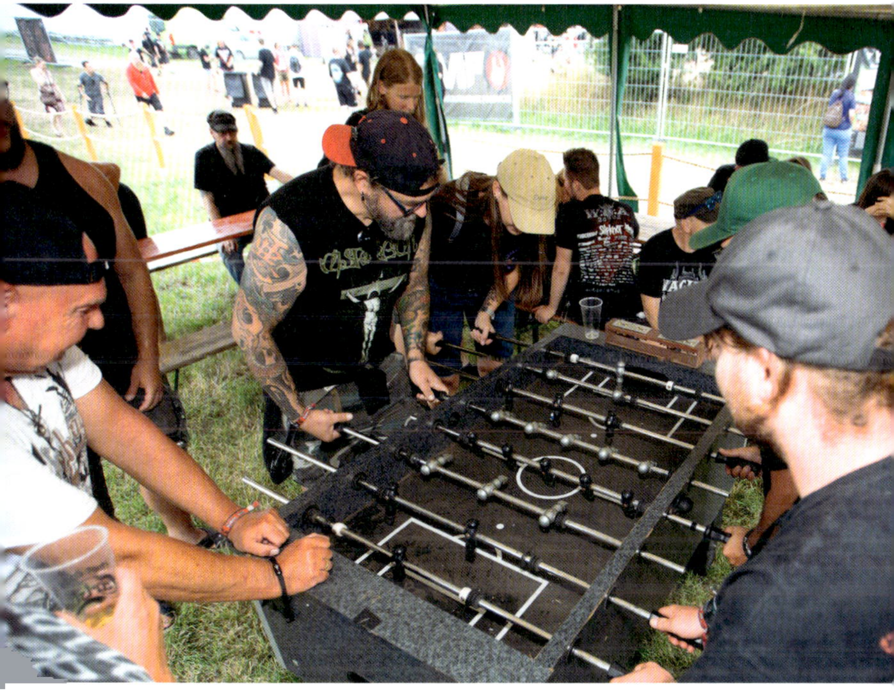

digitalen Götterstatus zu erlangen, anstatt an der eigenen Spieltechnik zu arbeiten, einen richtig geilen Song zu komponieren oder sich vielleicht mal um das Booking der nächsten Tour zu kümmern. Und so versammeln sich tausende von Fans und Musiker, die eigentlich für Live-Musik gekommen sind, vor Bildschirmen, die auf dem Acker stehen, um virtuelle Schlachten zu schlagen. Dass sie dafür nicht in die norddeutsche Einöde fahren müssten, sondern den Quatsch auch von zu Hause online organisieren könnten, fällt scheinbar niemandem auf. Sobald irgendwo die Musik von „Super Mario“ aus einer Box hervorquiekt, werden die Menschen scheinbar angezogen wie die Motten vom Licht.

Ein Jahr später wirbt Wacken für sein Full Metal Gaming Village mit Trivium-Frontmann Matt Heafy. Der sitzt auf dem abgebildeten Foto mit einer angebrochenen Wasserpulle konzentriert vor einem PC, hat Kopfhörer auf den Lauschern und zockt gerade irgendein spannendes Spiel. In der Ankündigung auf der Homepage des Open Airs heißt es dazu: „2019 wird Full Metal Gaming von Trivium-Frontmann Matthew K. Heafy präsentiert, der selber durch das Programm führen und zum Gamepad greifen wird. Und wer weiß: Vielleicht taucht sogar eine Gitarre auf der Bühne auf…“ Sieh an, vielleicht taucht auf einem Metal-Open-Air sogar eine Gitarre auf der Bühne auf. Wäre ja ein ziemliches Ding, das sollte irgendwer fotografisch als Beweis festhalten. Die Künstlerin Tina Guo durfte im gleichen Jahr mit ihrem Cello auf die Bühne, um bekannte Melodien aus Computerspielen nachzufiedeln. So etwas tut sie hauptberuflich, denn normalerweise tritt sie mit Bands wie Beyond The Black, Kamelot und Sabaton auf, was man ja nicht mal seinem größten Feind wünscht. Dass die bereits für einen Grammy nominierte Musikerin in der Klassik-Szene als Superstar gilt, tut in diesem Zusammenhang nichts zur Sache.

Veranstalter Holger Hübner gab in einem Interview mit der Seite eventmanager.de ein erstaunlich ehrliches Statement zum Zocker-Festival ab. „Früher haben die jungen Bands in den Tourneebussen mit den Groupies die Nacht zum Tag gemacht, heute holen sie die Playstation raus – total langweilig! Aber man muss sich der jüngeren Generation eben anpassen.“ Keine weiteren Fragen. Ach doch, eine noch: Warum gibt es in jeder größeren Metal-Zeitschrift in diesem Land eigentlich eine Rubrik, in der Computerspiele besprochen werden? Schon klar, viele Headbanger zocken auch. Aber dafür gibt es Fachzeitschriften. Und viele Metal-Fans essen auch gerne Pizza, trotzdem werden keine Bewertungen von Tiefkühlware abgedruckt. Computerspiele sind furchtbare Parasiten, die sich überall anasseln, um die komplette Weltbevölkerung mit ihrer Belanglosigkeit abzulenken und schließlich zu unterjochen. Aber was rede ich, es ist ja eh zu spät, wie das Wacken Gaming Village eindrucksvoll beweist.

Die zehn besten Live-Dokumente

Da in Wacken spätestens seit dem Jahr 2000 diverse Kameras aus allen möglichen Perspektiven die Geschehnisse auf den Bühnen filmen, nutzen viele Bands die Gunst der Stunde und machen aus den Aufnahmen Live-Alben oder gleich DVDs. Hier die zehn lohnendsten Mitschnitte aus rein subjektiver Sicht des Autors in alphabetischer Reihenfolge.

Stahl aus Solingen trifft tschechische Klassik: Accept im Jahr 2017

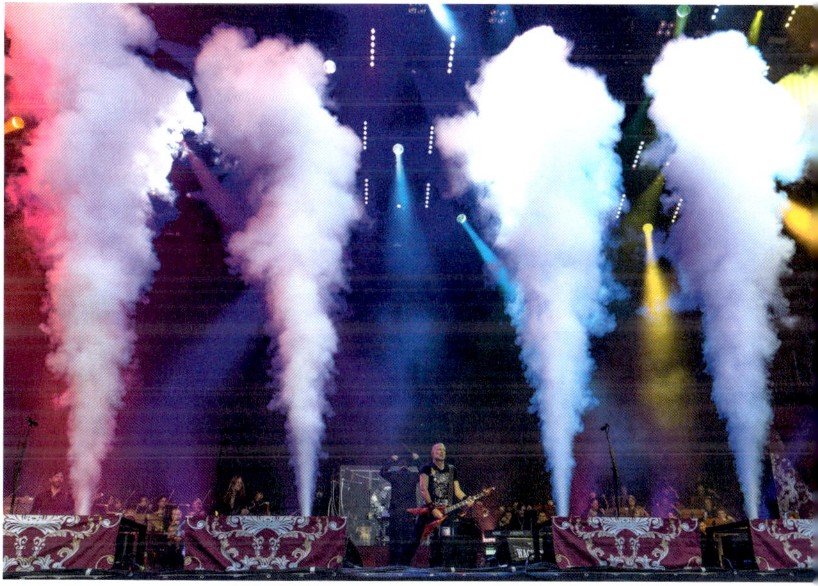

Accept – Symphonic Terror – Live at Wacken 2017 (2018)

Muss denn wirklich jede Band mit einem Orchester auf die Bühne krabbeln? Nein, aber Accept steht die Unterstützung des Nationalen Tschechischen Sinfonieorchesters ziemlich gut. Das Solinger Urgestein brennt ein Feuerwerk von Hits ab, das nicht viele Bands im Köcher haben. Erschien als Doppelpack mit Doppel-CD und Blu-ray.

Exodus – Shovel Headed Tour Machine: Live at Wacken and Other Assorted Atrocities (2010)
Seien wir ehrlich, Rob Dukes war nie der richtige Sänger für Exodus. Trotzdem ist diese DVD, die den kompletten Auftritt der Band im Jahr 2008 zeigt, zu empfehlen, denn Exodus bringen schon kurz nach dem Mittagessen eine Aggressivität auf die Bühne, dass es rummst. 100 Prozent guter, freundlicher, gewalttätiger Spaß.

Grave Digger – Tunes of Wacken (2002)
Wahnsinn, diese Bilder sind auch schon über 20 Jahre alt. Die Gladbecker Grabschaufler zeigen sich in Ton und Bild in Bestform, „Rebellion (The Clans Are Marching)" gerät zu einer monströsen Chorvorstellung. Und wenn Gitarrist Manni Schmidt in Zeitlupe seine Axt hochreißt, während hinter ihm die Pyroeffekte zünden, ist das einfach nur schön. Grave Digger sind Wiederholungstäter, 2010 erscheint das Live-Video „The Clans Are Still Marching", das ebenfalls in Wacken aufgenommen wurde.

Heaven & Hell – Neon Nights: 30 Years Of Heaven & Hell (2010)
Für den Verfasser dieser Zeilen war es das letzte Mal, dass er den unvergessenen Ronnie James Dio live erleben durfte. An diesem Abend im Jahr 2009 stimmte einfach alles. Die Sonne ging gerade unter, als Black Sabbath alias Heaven & Hell die Bühne betraten und Magie versprühten. Ein umwerfendes Set mit einer Legende am Mikro.

Immortal beim Auftritt 2010

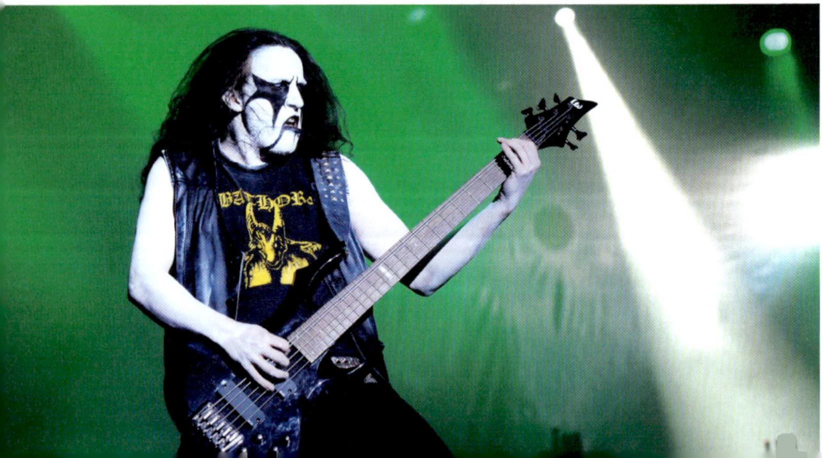

Immortal – The Seventh Date of Blashyrk (2010)

Wenn ein schwarz-weiß geschminkter Panda mit Bierbauch im Krebsgang über die Bühne schleicht, ist es Zeit für die mächtigen Immortal. Ihr Wacken-Mitschnitt von 2007 bietet keine weiteren Extras oder Kinkerlitzchen, sondern puren Black-Metal-Spaß. Und die ewig lange Pause in „Tyrants" gehört zu den coolsten Wacken-Momenten aller Zeiten.

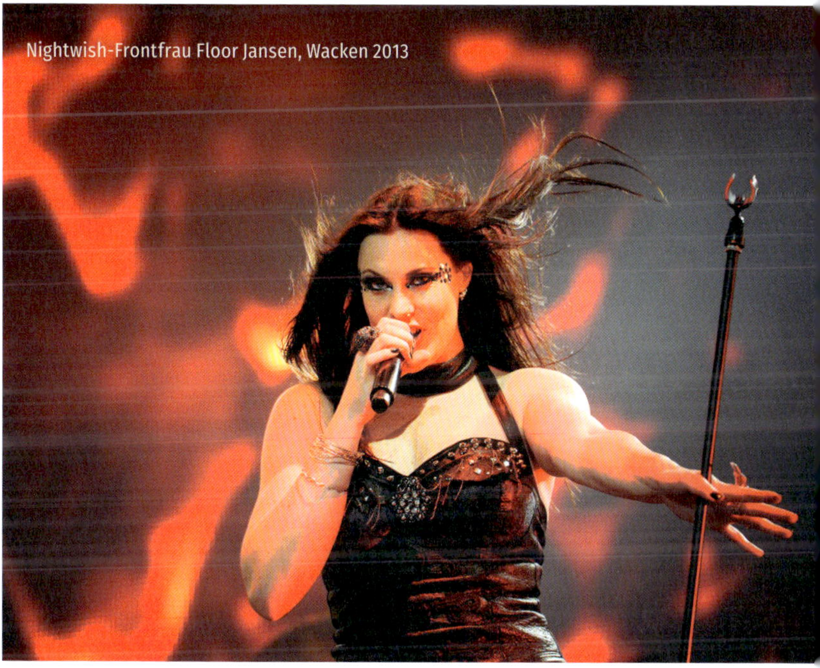
Nightwish-Frontfrau Floor Jansen, Wacken 2013

Nightwish – Showtime, Storytime (2013)

Mit diesem Mitschnitt von ihrer Headliner-Show in Wacken im Jahr des Erscheinens setzten sich die Finnen mit ihrer damals noch frischen Sängerin Floor Jansen ein Denkmal. Viel großartiger kann ein Livealbum nicht mehr sein. Ob sich die Band jemals wieder zu solchen Höhen aufschwingen kann, erscheint zumindest fraglich.

Rose Tattoo – 25 to Live (2000)

Es gibt zwar auch bewegte Bilder von den australischen Rockern auf dem Wacken, aber dieses reine Live-Album lässt einem einen Glücksschauer nach dem anderen über den krummen Rücken laufen. Frontmann Angry Anderson und seine Gang sind an diesem Tag dermaßen gut drauf, dass ihr von Whiskey getränkter Street Rock fast schon wie eine gesungene Messe wirkt.

Ganz großes Kino: Twisted Sister

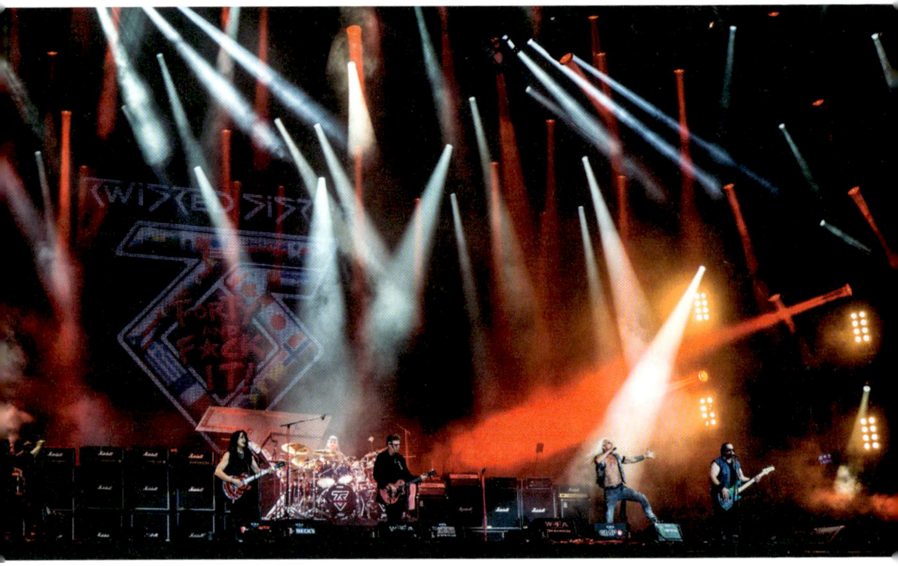

Twisted Sister – Live at Wacken: The Reunion (2005)

Wer bei diesem Gig dabei war, wird ihn sein Leben lang nicht vergessen. Dee Snider und sein durchgeknallter Haufen, offizielles Gründungsjahr 1973, hatten sich mal wieder zusammengerauft und erlebten ihren x-ten Frühling. Der Refrain von „We're Not Gonna Take It" hallte gefühlt noch Stunden nach dem Auftritt über das Gelände. Legendär!

Dorfleben

Wacken als Gemeinde steht ein wenig im Schatten des hier ansässigen Festivals, was aber nicht weiter verwundert. Denn während die Musikveranstaltung zu den größten ihrer Art weltweit gehört und in diversen Kategorien (Anzahl der Bühnen, Merchandise, Sicherheitskonzepte etc.) Maßstäbe setzte, ist der Ort als solcher wenig spektakulär. Um nicht zu sagen: langweilig. Die ersten Siedler wurden um das Jahr 1148 erwähnt. Aus germanischer Vorzeit ist noch ein Hünengrab erhalten, das in Wacken aber erstaunlicherweise niemanden interessiert. Wer nicht zufällig darüber stolpert, wird es nicht finden. Vielleicht glauben die Einheimischen, dass sich unter dem Steinhaufen wirklich das Grab eines Riesen befindet (bis ins 17. Jahrhundert gängige Meinung) und wollen deshalb lieber nicht zu viel Wind darum machen.

Heute leben immerhin etwas mehr als 2.000 Menschen ganzjährig in dem Ort, der auf seiner Webseite mit folgendem Spruch wirbt: „Ob Sommer oder Winter, in Wacken gibt es immer etwas zu sehen.“ Neben dem bereits erwähnten Hünengrab irgendwo am Ortsausgang sind damit örtliche Rad- und Spazierwege sowie saftige Hügel und verträumte Seen gemeint. Nicht gerade einzigartig ... Die Kerzenfarm, ein besonders schönes Café und Pferdekutschfahrten in die Umgebung, die ebenfalls noch Erwähnung finden, gibt es allerdings gar nicht in Wacken, sondern in den Nachbargemeinden. Damit hätten wir die „Sehenswürdigkeiten“ abgehakt, und man könnte den Eindruck gewinnen, die wollen hier gar keinen neugierigen Besuch oder Neubürger von außerhalb. Kommen wir zur medizinischen Versorgung, für ernsthafte Bewerber auf eine lebenslange Wohnstätte in Wacken vielleicht auch nicht ganz unwichtig: Laut Homepage gibt es eine Allgemeinmedizinerin, aber drei Tierärzte. Fazit: In Wacken wohnen, das muss man schon wollen.

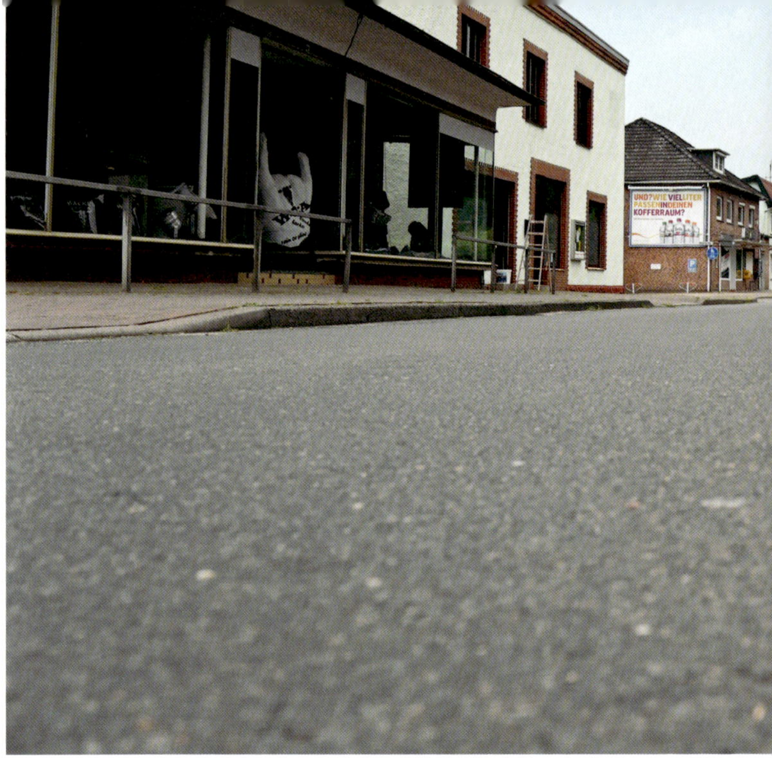
UND? WIE VIEL LITER
PASSEN IN DEINEN
KOFFERRAUM?

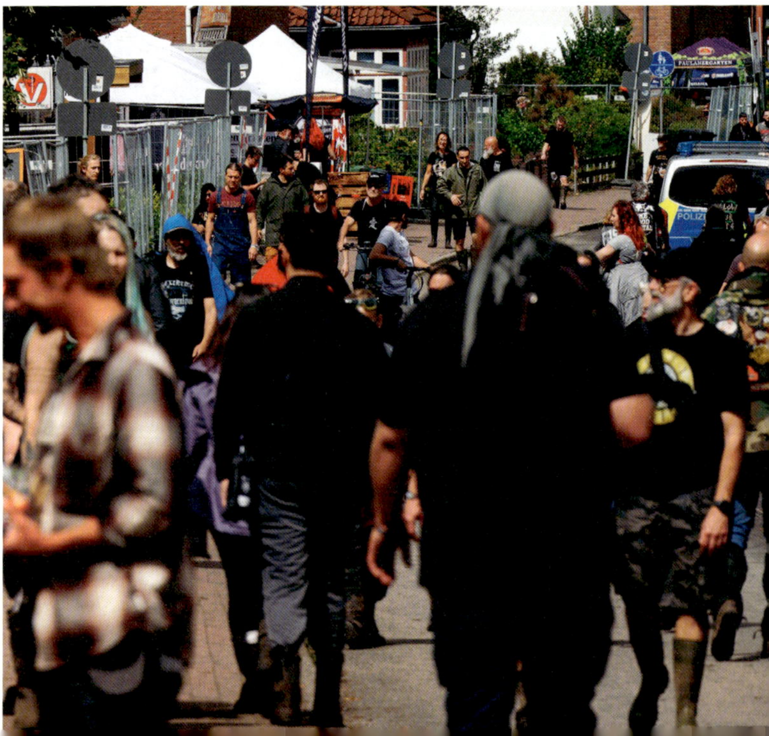
PAULANERGARTEN

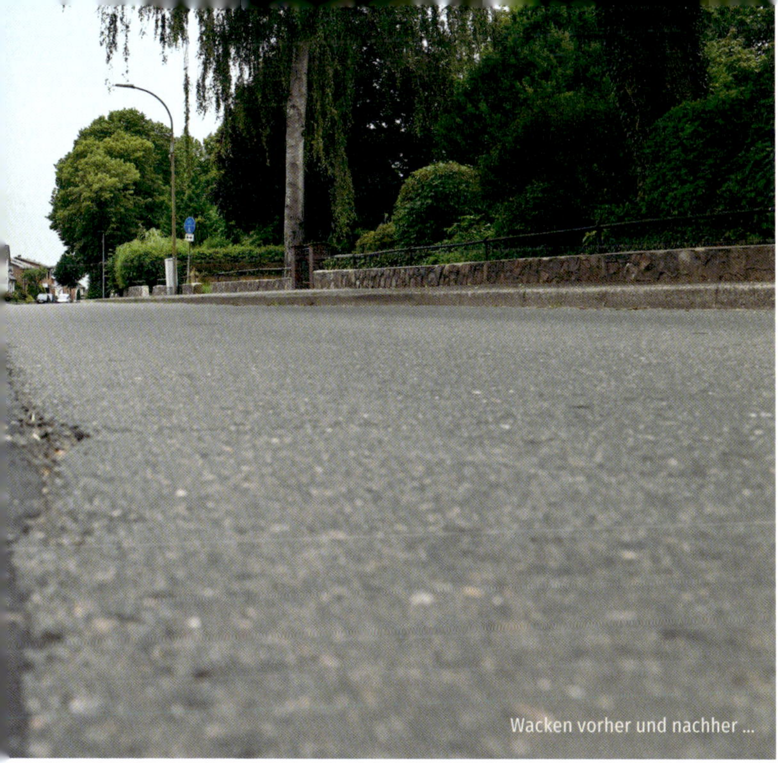

Wacken vorher und nachher ...

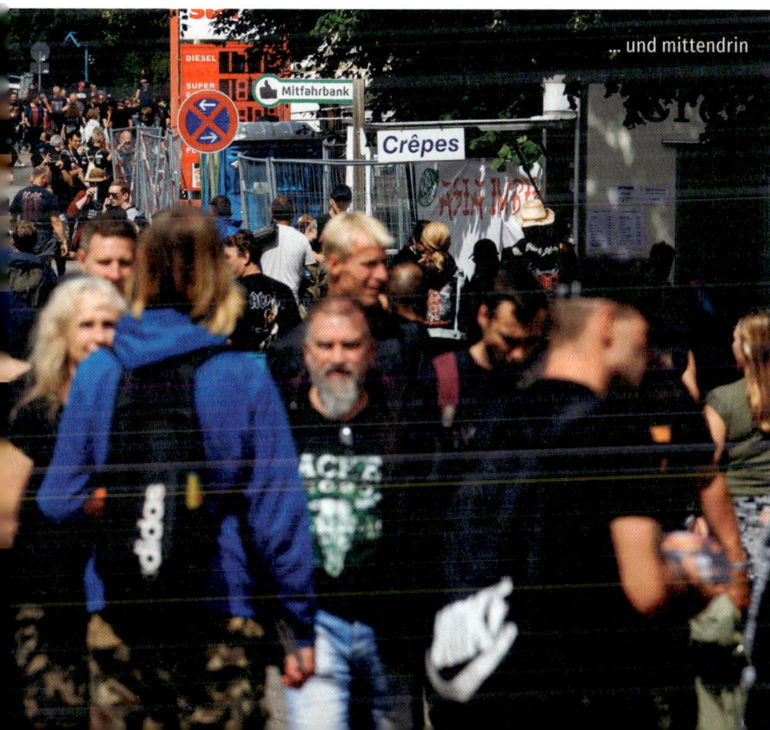

... und mittendrin

AHA!

Wacken bei Nacht

„Haben Sie Wacken bei Nacht gesehen? Haben Sie das schon erlebt?" So ähnlich trällerte es Austropop-Barde Rainhard Fendrich dereinst in Dieter-Thomas Hecks ZDF-Hitparade. Okay, er meinte damals Wien, aber das Wacken-Gelände ist zumindest in den dunklen Stunden nicht minder spannend, auch ohne Stephansdom, Donau und Prater. Wobei, einen Kirmesplatz gibt es auf dem Acker ja längst.

Im Ernst, wenn auf dem W:O:A die letzte Band gegen halb drei in der Früh ihre letzten Akkorde verklingen lässt, das Infield von Ordnern geräumt wird und der letzte Dönerstand seine Lichter löscht, entsteht eine ganz neue Welt. Zugegeben: eine sehr kurzlebige Welt, weil die Sonne im August ja schon in wenigen Stunden wieder ihre gelbe Fratze zeigt. Amateure versuchen, in diesen wenigen Stunden ein bisschen Schlaf zu bekommen, was natürlich aussichtslos ist. Auf den Campingplätzen, die sich bis zum schwarzen Horizont ziehen, erwacht erst jetzt das wahre Leben. Die Nachbarn von links lassen den Tag mit den Excrementory Grindfuckers und deren lieblichen Hits wie „Da steht ein Grind auf dem Flur", „Grindcore machen lohnt sich nicht, My Darling" und natürlich „Picknick im Zenit metaphysischen Widerscheins der astralen Kuhglocke" ausklingen. Und wenn die endlich umgefallen sind (im Optimalfall direkt auf ihre Anlage), antwortet der Nachbar auf der rechten Seite mit ein paar gut abgehangenen Krachern der Ersten Allgemeinen Verunsicherung, während ein paar Meter weiter vorne einige Unentwegte einen riesigen Holzhaufen aufschichten, um selbigen unter großem Gejohle abzufackeln.

Auf dem VIP-Campingplatz geht es vielleicht eine Spur entspannter zu, aber auch nicht wesentlich ruhiger. Hier kann es einem passieren, dass man morgens um fünf selig schlummernd im Zelt liegt, plötzlich der Reißverschluss geöffnet wird, der wahrhaftige Corpsegrinder seinen massigen Schädel samt fünf

Kilo Nacken ins Schlafgemach schiebt und einmal laut brüllt, um sich dann kichernd zu verziehen. Ist an sich ein schönes Bild, aber wenn man drölf Bier, anderthalb Pullen Jack und 15 verschiedene Bands vom Vortag intus hat und einfach nur pennen möchte, relativiert sich das.

Nein, echte Profis nehmen sich noch ein Fußpils und wandern einfach über das Gelände (soweit möglich) und am Festivalgelände entlang in den Ort Wacken. Gegen fünf Uhr morgens herrscht auf dieser Strecke eine atemberaubende Stille, nur unterbrochen von vereinzelten, halb-komatösen „Helga"-Rufen, die aber schnell von der Dunkelheit geschluckt werden. Im Dorf selbst ist um halb sechs Uhr morgens auch nichts los, die ersten Geschäfte und Kurzzeitshops treffen allerdings schon Vorbereitungen für den kommenden Tag. Man könnte sich fast einbilden, dass es nach Kaffee und frischen Brötchen und nicht nach Bier riecht. Wer jetzt die Hauptstraße entlangläuft, ist für ein paar Minuten der König oder die Königin von Wacken. Und wer bei diesem Spaziergang auf einige wenige Gleichgesinnte trifft, kann erstaunlich gute Gespräche führen. Muss aber auch nicht sein.

Das Dorf der Wackenianer bei Nacht

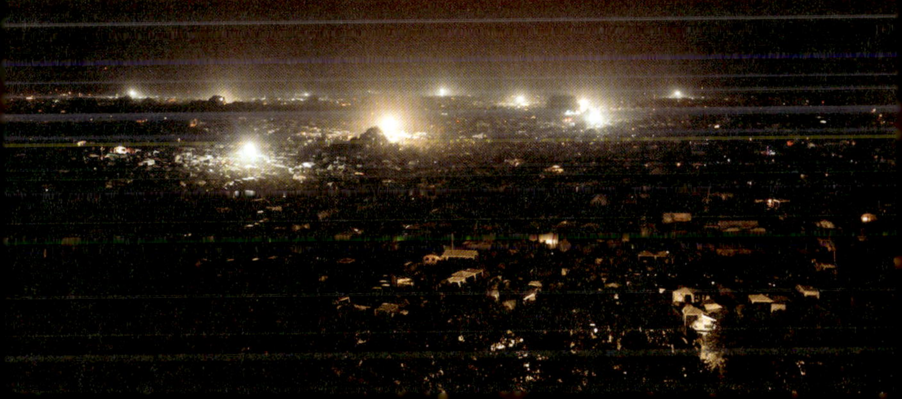

Zahlen & Fakten

100.000 Liter Bier
schießen pro Stunde alleine aus zehn angedockten Schnellzapfanlagen auf dem Infield. Das sind 25.000 Becher mit je 0,4 Litern feinster Ballerbrause.

6 Notärzte stehen zu jeder Zeit
des Festivals bereit, um Besuchern, Musikern und Crews bei größeren Wehwehchen zu helfen.

2008 wurde das Wacken Open Air
für die vorangegangene Ausgabe als bestes Festival mit dem Live-Entertainment-Award ausgezeichnet. Leider ist diese Auszeichnung undotiert, bringt also kein Taschengeld.

45 Kilometer Bauzaun
umschließen das riesige Wacken-Gelände und müssen in jedem Jahr händisch auf- und wieder abgebaut werden. Kein Job für Feinmechaniker.

1.300 Dixi-Toiletten
prägen das Landschaftsbild des Festivals. Ohne die blauen Häuschen wäre es irgendwie nicht dasselbe. Trotz der bisweilen fragwürdigen Zustände der Aborte.

12 Megawatt
beträgt die elektrische Leistung auf dem Festivalgelände. Damit ließe sich eine Kleinstadt von rund 70.00 Einwohnern beliefern, was wiederum ziemlich genau den verkauften Tickets entspricht.

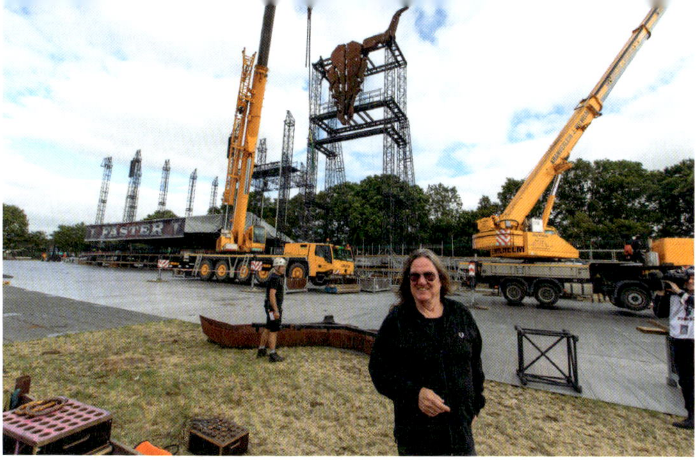

Thomas Jensen, Mitgründer des Wacken Open Air, beim Aufbau 2022

5.000 Mitarbeiter bauen, brutzeln, beaufsichtigen, betreuen, beobachten, backen, basteln, brauen, befördern, bewachen und bedienen rund um die Uhr, um die Wacken-Tage überhaupt erst möglich zu machen.

40,90 Euro kostete umgerechnet der Eintritt ins Wacken-Land im Jahr 2000. Dabei fanden rund 25.000 Fans den Weg nach Norden. Gemütliche Zeiten.

1993 geht als Seuchenjahr in die Geschichte der Veranstalter ein. Mit dem Festival und einigen Konzerten häufen die Veranstalter Schulden in Höhe von 350.000 D-Mark an, einige Mitstreiter gingen zu diesem frühen Zeitpunkt bereits von Bord.

27 Sattelzüge voller Lichttechnik fahren auf zum Teil extra verstärkten Straßen aufs Gelände, um die Bühnen zu erleuchten.

Ausgelacht

Die Redewendung „zum Lachen in den Keller gehen" stammt aus den Zwanzigerjahren des letzten Jahrhunderts und bezeichnet einen Menschen, der auch bei den komischsten Dingen keine Miene verzieht. Die unwissende Allgemeinheit dürfte auch Metalheads zu dieser Kategorie zählen, schließlich ziehen Musiker wie Fans entweder einen Flunsch oder lassen ihre Gesichtszüge ins Groteske gleiten, sobald eine Kamera auftaucht. Woher dieser Hang zur mimischen Akrobatik kommt, ist schwer zu klären. Die Urväter Black Sabbath, Deep Purple und Led Zeppelin glotzen eigentlich immer recht stoisch ins Objektiv. Allen voran Ozzy Osbourne, der wahrscheinlich eh nicht genau wusste, was da gerade um ihn herum passiert. Wahrscheinlich waren es die um das Jahr 1981 herum populär werdenden Venom, die das wilde Grimassieren salonfähig machten, schließlich sahen sie schon an sich aus (und tun es immer noch) wie laufende Halloween-Masken. Die bald folgenden Thrash-Epigonen Slayer, Metallica, Anthrax und Exodus verfeinerten die Gesichtsmuskelübungen noch, und irgendwann sahen fast alle fotografierten Metalheads aus, als wollten sie die Nachbarskinder erschrecken.

Das bedeutet allerdings nicht, dass der langhaarige Gitarrenfreund wirklich mies drauf wäre. Der böse Blick gehört zur Folklore wie Totenkopf und umgedrehtes Kreuz, viele Metaller sind vom Gemüt her wahre Sonnenscheinchen. Und wo sollte das besser abgebildet werden als auf dem Wacken Open Air? Es kann schon vorkommen, dass man das Gefühl hat, sich auf dem Kölner Karneval zu befinden. Nur dass hier nicht mit Kamelle, sondern maximal mit halbvollen Bierbechern geworfen wird. Natürlich nur als Ausdruck der Begeisterung.

Eigentlich bietet das Metal-Universum genügend Ansätze, um sich ein bisschen zu „verkleiden". Kutten, Nieten, Spikes, Ketten, Leder, hautenge Spandexhosen, dazu Cowboystiefel oder Basketballschuhe aus dem Jahr 1989, da geht schon einiges. Das reicht einigen Festivalbesuchern allerdings nicht, ihr Drang zur Maskerade ist noch größer. Und so sehen wir besonders auf dem W:O:A alle Arten von Verkleidungen. Ob Wikinger im Stringtanga, Chefärzte mit blutverschmierten OP-Kitteln, Ganzkörperkondome, Biene Majas, Elvis-Verschnitte oder das beliebte Doppelkostüm Pferd – in Wacken läuft einem alles über den Weg. Es darf die vorsichtige Frage gestellt werden, warum? Was hat ein Metal-Festival mit einer Faschingsfeier zu tun? Abgesehen davon ist Anfang August gar keine Saison. Sind das alles Karnevalisten, die den 11.11. nicht mehr abwarten können? Seit wann wird bei Prunksitzungen Heavy Metal gespielt? Und wo liegt die Verbindung zwischen Wacken und Köln?

Den Veranstaltern scheint diese Parade der Skurrilitäten zu gefallen, ja sie befeuern die Spaßmacher im Moshpit sogar noch. Bisher konnten sie sich zwar zurückhalten, das originellste Kostüm zu prämieren (hoffentlich bringe ich hier niemanden auf Ideen), aber zumindest bestücken sie die Bühnen mit professionellen Scherzkeksen. Durften anfangs nur Humoristen mit einer gewissen Verbindung zum Heavy Metal (denn darum geht es immer noch in erster Linie) auftreten, ist mittlerweile alles egal. Heinz Strunk, Dietmar Wischmeyer, Torsten Sträter, NDR-Moderator Uwe Bahn, Bülent Ceylan, Atze Schröder. Letztgenannter outete sich in Interviews als Metal-Fan, um anschließend im Brustton der Überzeugung zu verkünden, dass das „schwarze" Album von Metallica ihr bestes sei. Ja, hier sind geschmackssichere Experten am Werk.

2018 war es dann soweit: Der deutsche King of Blödelei schaffte es kurz nach seinem 70. Geburtstag endlich auf den Acker. Otto unterhielt tausende Headbanger, warf mit Plüsch-Ottifanten um sich, coverte AC/DC und kriegte sich gar nicht mehr ein. Die Stuttgarter Zeitung – was immer die damit zu tun hat – schrieb in einem Artikel vom 4. August 2018: „Der Auftritt enthält alles, was ein gutes Rockkonzert braucht: Ein Lichtermeer aus Feuerzeugen und Handys bei Balladen, Crowd-Surfing bei schnellen Songs, Tausende Arme, die sich, in die Luft gereckt,

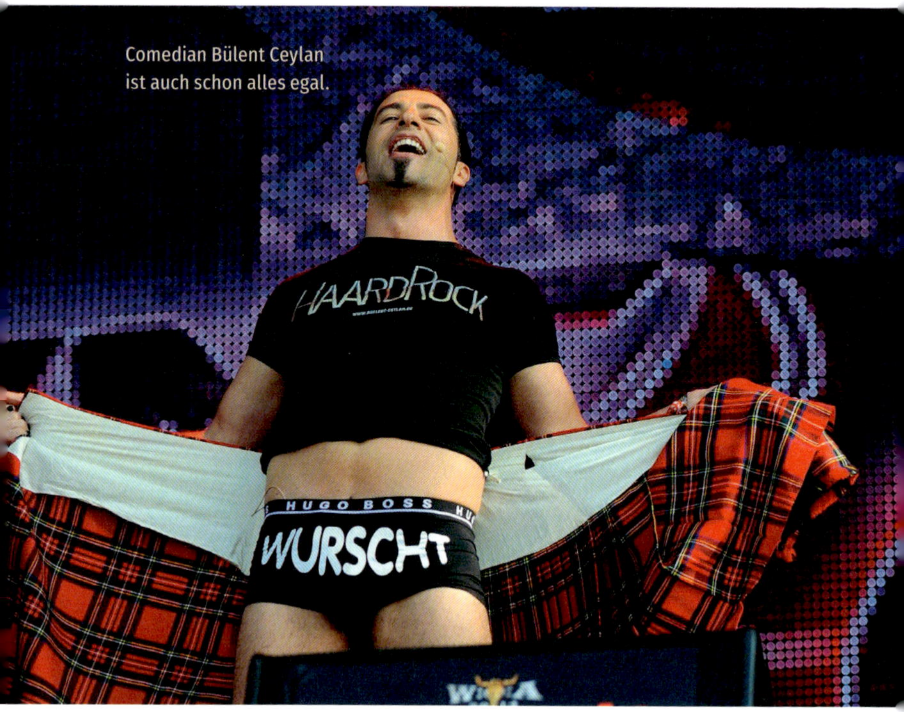

Comedian Bülent Ceylan ist auch schon alles egal.

bei Klassikern im Takt von links nach rechts bewegen. Beharrlich fordert das Publikum eine Zugabe nach der anderen. Zwar können sie Otto zu mehreren weiteren Liedern überreden, doch nach gut eineinhalb Stunden ist endgültig Schluss."

Tja, da scheinen die Veranstalter mal wieder alles richtig gemacht zu haben. Ich persönlich würde mir in diesem Zusammenhang noch eins wünschen: einen riesigen Gedenkstein mit roter Clownsnase für all die bereits gefallenen Komiker wie Karl Dall, Fips Asmussen, Mirco Nontschew, Ingrid Steeger, den unvergessenen Bembers, Heinz Erhardt, Jürgen von Manger, Günter Willumeit und wie sie alle heißen. Ein Gedenkstein mitten auf der Wacken Plaza. Damit ein für alle Mal feststeht: Heavy-Metal-Fans besitzen Humor. Jede Menge sogar. Manchmal ist es regelrecht zum Totlachen.

Früher war mehr Bratwurst

Im Jahr 1990, als die Wacken-Crew mit ihrem Festival zum ersten Mal an den Start ging, sprach die ganze Welt über die Wiedervereinigung, den deutschen Sieg bei der Fußball-Weltmeisterschaft in Italien (Tor: Andreas Brehme; unvergessen) und vielleicht noch die Pyramiden-Hundswurz als Orchidee des Jahres. Handys, der Klimawandel und E-Autos waren so weit weg wie Wacken von Los Angeles. Kein Mensch kannte das Wort Nachhaltigkeit. Hätte man uns damals erzählt, wir würden eines Tages mit tastenlosen Computern in der Hosentasche irgendwo auf einem Acker stehen und jederzeit aktuelle Nachrichten, Videos und den gesamten Back-Katalog von Black Sabbath abrufen können, wir hätten dem Überbringer solcher Märchen einen Vogel gezeigt.

Es war eben in jeglicher Hinsicht eine völlig andere Zeit. Und auch wenn das „goldene Jahrzehnt" des Heavy Metal bereits beendet war, wirkten die Achtziger logischerweise noch nach. Und damals gab es nichts Normaleres, als dass sich Jugendliche irgendwo draußen zusammenhockten, Musik hörten und Bier tranken. Ganz ohne VR-Brille. Echt jetzt. Und so verwundert es nicht, dass Wacken beim Versuch, das Festival mit den Augen eines Zwanzigjährigen zu sehen, wie ein riesiger, pulsierender Anachronismus wirken muss.

Erstmal stehen mit dem Duo Hübner/Jensen zwei alte weiße Männer an der Spitze des Unternehmens. Sie gehen stramm auf die 60 zu, von Frauenquote oder Verjüngung in der Führungsriege keine Spur. Das irritiert die Generation Z, denn so etwas kennen sie gar nicht. Dann kommt natürlich der Genuss von (legalen) Rauschmitteln dazu. Im Sommer 2023 vermeldet die Tagesschau, dass der Alkoholkonsum bei Jugendlichen zwischen zwölf und 20 Jahren auf dem niedrigsten Stand seit Beginn der Aufzeichnungen sei. Das freut zwar den Hausarzt, den Brauer und die Rentenkasse aber eher nicht. Was wäre Wacken ohne Bier? Fehlt noch, dass demnächst Raucherzonen wie an deutschen Bahnhöfen eingerichtet werden. Da dürfen die headbangenden Kippenkonsumenten dann in Gelb markierten Flächen von einem Meter mal einen Meter dreimal hektisch an ihrer Fluppe ziehen, bevor sie vom nächsten Nikotinjunkie aus dem Quadrat geschubst werden. Aber eben nur die alten Säcke, denn auch der Anteil der Raucher bei jungen Leuten sinkt drastisch. Nichts gegen einen gesunden Lebensstil, aber doch bitte nicht auf einem Festival?

In die gleiche Kategorie fällt die Ernährung. Entweder der Gourmet-Camper öffnet eine Dose Ravioli auf dem Campingplatz oder angelt sich einen Phosphatstengel an der nächsten Grillbude, Ende der Michelin-Verköstigung. So war es eigentlich immer. Der Verfasser dieser Zeilen erinnert sich noch gut daran, als vor 25 Jahren die ersten vereinzelten Veganer hektisch auf dem Acker umherliefen und vor Verzweiflung quietschen. Sogar die Pommes, so ihre Aussage, würden im Bratwurstfett zubereitet, was unsere Generation mehrheitlich dazu animierte, dem Pommesstand mal einen Besuch abzustatten. Heute alles kein Thema mehr, die Besucher können sich gegenseitig mit Falafel und Chili sin Carne kaputt schmeißen, so viele Buden stehen rum. Es gibt also auch in Wacken einen schleichenden Wechsel, weg vom gnadenlosen Konsum der Achtziger hin zum bewussten Leben 2030. Und mit jedem Headbanger, der an Lungenkrebs oder Leberplatzen stirbt, gibt es einen aus der alten Garde weniger.

Irgendwann werden auf dem Acker also Grünkohl-Smoothies gereicht, während KI-gestützte Hologramme auf der Bühne „rocken“. In einer versteckten Ecke unterhalten sich die letzten Veteranen darüber, wie es war, als es noch einen Stand mit echtem Backfisch gab. Alles nur eine Frage der Zeit. Mittlerweile kann ich verstehen, wie sich mein Opa gefühlt haben muss, als die Beatles populär wurden.

Abteilung Kinkerlitzchen

Egal, ob man im Sommer durch die Innenstädte von Bad Tölz, Kleve, Cottbus oder Schwerin marschiert, irgendwo kommen einem immer ein paar Gestalten entgegen, die ein Wacken-Shirt tragen. Manche künden vom gerade erst vergangenen Spektakel, andere von Ausgaben, die schon viele Sonnenwenden zurückliegen. Auch dürfte kaum ein größerer Parkplatz in Deutschland und Umgebung existieren, auf dem nicht mindestens ein Auto mit Büffelkopf-Aufkleber oder W:O:A-Schriftzug auf der Heckscheibe herumsteht. Ja, die Wacken-Leute wissen, wie sie ihr Zeug unter die Leute kriegen. Der artige Fan läuft nicht nur kostenlos Werbung, der bezahlt sogar dafür. Community-Gedanken und so. Wenn das doch nur überall auf der Welt so funktionieren würde.

Egal, wer als unbedarfter Mensch bisher geglaubt hat, die Merchandise-Maschinerie aus Norddeutschland würde es bei ein paar Klamotten und Aufklebern belassen, sieht sich getäuscht. Denn die Palette ist unendlich viel breiter und beinhaltet Produkte, auf die nicht mal Großkapitalisten wie Apple oder Disney kommen würden. Also schnappen Sie sich einen Einkaufskorb und wandern Sie mit mir durch die prall gefüllten Regale des Wacken-Imperiums. 24/7 geöffnet, Ratenzahlung möglich, aber ungern gesehen. Ab 500 Euro Warenwert gibt es einen warmen Händedruck. Und nicht vergessen: Bald ist wieder Weihnachten/Ostern/Geburtstag/Taufe/Namenstag/Beerdigung (zutreffendes bitte unterstreichen).

Zuerst betreten wir den Klamottenladen. Der ist, wie erwähnt, die Hauptbezugsquelle für alle diejenige, die ihrer Umwelt ungefragt mitteilen möchten, dass sie in Wacken waren oder gerne gewesen wären. Es gibt jedes denkbare Metal-Motiv (Drachen, Zauberer, Feuer, Totenkopf, Reiter, ödes Land, Burg, etc.) in jeder denkbaren Farbe, manche Schriftzüge leuchten im Dunkeln, andere können vielleicht Kaffee kochen oder als Kompass verwendet werden. Männer, Frauen, Kleinkinder, Säuglinge und alles, was nicht bei drei hinterm nächsten Gebüsch verschwunden ist, wird gnadenlos eingekleidet. Vielleicht noch einen Bikini oder eine Pudelmütze mit umgedrehten Büffelköpfen als Accessoire? Kann das geplante Kind nicht schon ein paar Schnuller oder Krabbelschuhe mit Kuhköpfen gebrauchen? Immer rein in den Warenkorb, dann gibt es die nächsten zwei Wochen halt Toast mit Ketchup.

In der nächsten Abteilung gibt es all das, was man sich auf den Rücken schnallen oder über die Schulter werfen kann: Taschen, Rucksäcke, Dinge, die aussehen wie hochwertige Müllbeutel, Hand- und Strandtaschen für Damen und Herren, Lederbeutel für den Festivalbedarf an Pfeifentabak und Koffergurte für den Trip nach Malle. Umfangreich, aber ein bisschen langweilig. Deshalb weg von der Eigenbestückung hin zu der Deutschen liebsten Freund. Wenn man selbst schon aussieht wie Bauer Trede in seinen besten Tagen und von Kopf bis Fuß mit Büffelköpfen dekoriert ist, muss das Auto dementsprechend aufgerüstet werden. Von den Aufklebern für Heck und „Motörhaube“, Sonnen- und Eisschutzfolien, Eiskratzern mit eingebautem Büffelfäustling oder Kennzeichenhalter (ohne die die Kennzeichen nicht halten) fangen wir gar nicht erst an, das ist unterster Standard. Aber wie wäre es mit entsprechend bedruckten Nackenstützenbezügen? Endlos schick und der Hingucker auf jedem Campingplatz zwischen Büsum und Passau.

Apropos Zelten, da hat der Wackenshop natürlich ebenfalls so ziemlich alles zu bieten. Grubenlampe mit Aufdruck gefällig? Isomatte, Campingstuhl, Luftmatratze, Kissen, Handtücher, Becher, Grilleinsatzkoffer für den Notfall? Alles da, gerne in zigfacher Ausführung mit Jahreszahlen und ohne, mit Kühen, Schädeln oder der „Skyline“ von Wacken, ganz im Sinne anderer Metropolen wie New York oder Sidney. Raucher bekommen obendrauf noch diverse Feuerzeuge, Etuis und in Gold gehaltene Massiv-Aschenbecher. Wohin damit? Kauft den Quicktable-Stehtisch im Wacken-Design für nur 350 Euro. Kann man überall mit hinnehmen und sich cool daran anlehnen.

Handyhüllen, Badeenten, Kuscheltiere, ein Briefmarken-Set, Puzzle, Kerzen, Türstopper, Blechschilder und Waschbeckenstöpsel verschönern die eigenen vier Wände, sofern man sich die Miete nach diesem Shopping-Trip noch leisten kann. Ein Zauberwürfel zur Ablenkung? Und bitte. Was vor 45 Jahren die Jugend begeistert hat, kann doch heute nicht langweilig oder gar schlecht sein.

Wenn Auto, Bude, Partner/in und man selbst vor lauter Wacken-Zubehör kaum noch gerade stehen kann, dann gibt es nur noch ein Ziel, das versorgt werden muss: „Waldi, komm her. Hier hast du eine neue Leine, ein neues Halsband und einen neuen Napf. Weil du so auf Heavy Metal jenseits der 100-Dezibel-Marke stehst. Ja, bist ein Feiner. Und falls du im Garten einen skelettierten Büffelkopf findest, der ist auch für dich. Waaaaaacken!"

Von der Handyhülle bis zur Hundeleine – in Sachen Merchandise gibt es in Wacken nichts, was es nicht gibt

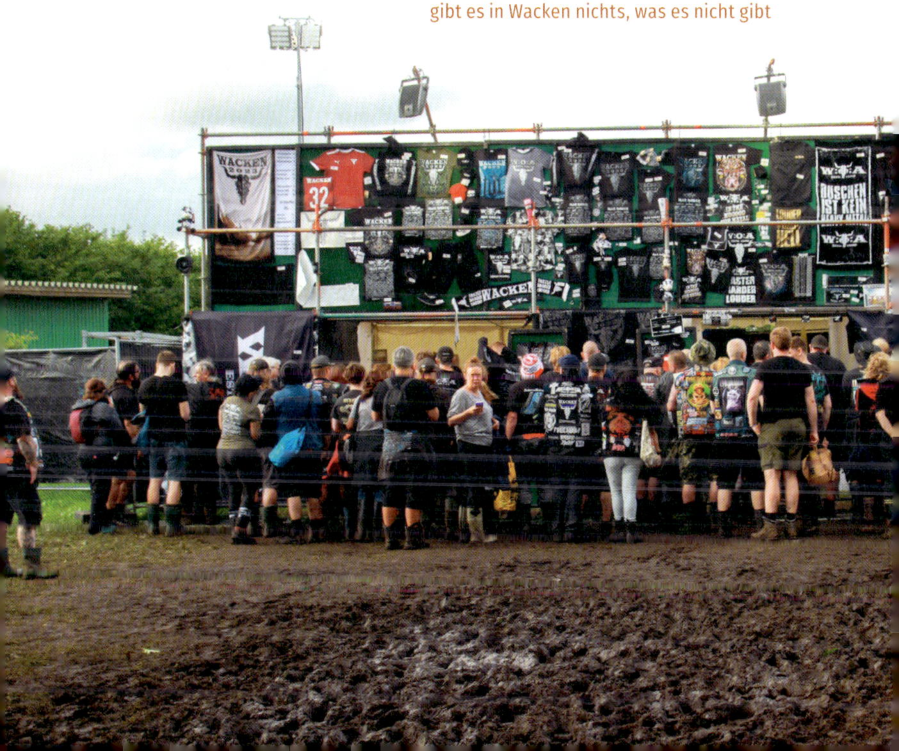

Wacken Army

Die deutsche Fußballnationalmannschaft hat einen, Helene Fischer hat mehrere und sogar Roy Black hat noch diverse, obwohl der schon seit über 30 Jahren tot ist. Die Rede ist vom Fanclub, jenem organisierten Huldigungsorgan, das seinen Lieblingsverein, seine Lieblingsautomarke, seine Lieblingsband oder eben sein Lieblingsfestival über alles andere stellt und unverhohlen vergöttert.

Der Fanclub als solcher entstand wahrscheinlich im Großbritannien des 19. Jahrhunderts. Hier bezeichneten sich regelmäßige Besucher von Boxkämpfen als Liebhaber des Sports oder eines bestimmten Sportlers (engl. „fancy"). Andere glauben, dass Fan einfach nur die Abkürzung von „Fanatic" (Fanatiker) ist und sich so etablierte. Sicher ist, dass es die ersten Fans und Fanclubs im Sport gab, später griff das Phänomen auch auf andere Bereiche über, vor allem auf die Musik. Spätestens nach dem Ende des Zweiten Weltkriegs, als Radios und Fernseher ihren Siegeszug um den Erdball antraten und Teenager zum ersten Mal mittels Musik gegen die Eltern rebellierten, etablierten sich auch die Clubs. Manche von ihnen sind locker aufgebaut, jeder kann Mitglied werden, es gibt vielleicht unregelmäßige Treffen oder einen Newsletter. Andere nehmen die Sache schon deutlich ernster, prüfen Bewerbungen, erheben Mitgliedsbeiträge, führen Listen, versenden Zeitschriften, organisieren Treffen zu Konzerten oder mit anderen Clubs.

Im Metal gibt es gleich zwei Fanclubs, die sich einen legendären Ruf erarbeiten konnten. Einerseits die Kiss Army (gegründet 1975) und andererseits die Venom Legions, die ein paar Jahre später von sich reden machten. Insbesondere die Kiss Army ist ein bis heute gut organisierter Verein, der weltweit Mitglieder aufnimmt und nah an den Musikern dran ist. Gegründet wurde die Truppe von zwei Kiss-Fans, die ihren örtlichen Radiosender mit Briefen und Anrufen terrorisierten, weil die keine

Kiss-Songs spielten. Um mehr Eindruck zu machen, unterschrieben die beiden Teenager mit „Kiss Army“ und drohten unter anderem damit, den Sender in die Luft zu sprengen. Was heute einen Großeinsatz der GSG 9 und zehn Monate Jugendknast auslösen würde, war damals die Geburtsstunde des Fanclubs, der fast so berühmt ist wie die Band selbst.

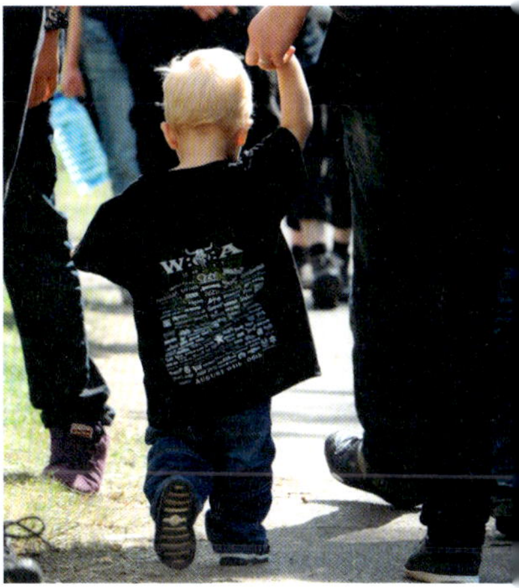

Wer zu Wacken geht, will das auch klamottentechnisch demonstrieren.

Und Wacken wäre nicht Wacken, wenn die nicht auch ihren eigenen Fanclub hätten. Die Full:Metal:Army (man beachte die dezente Anlehnung an die großen Vorbilder) ist ein eingetragener Verein und unterstützt das Wacken mit Werbeaktionen. Dafür gibt es exklusives Merchandise (hey, wir sind immer noch in Wacken), Backstage-Führungen, spezielle Campingplätze für Mitglieder, Stammtische in ganz Deutschland, Treffen mit den Veranstaltern und ähnliche Amüsements. Der ganze Spaß kostet knappe 20 Euro im Jahr und wird, schaut man sich die Fotos an, scheinbar ganz gut angenommen. Seit Corona ist es auf der Homepage allerdings verdächtig still. Ist die Army nach nur drei Jahren schon wieder auf dem Rückzug?

Die Kollegen von Kiss feiern demnächst ihr halbes Jahrhundert. Also bitte zusammenreißen und mal ein bisschen Einsatz zeigen. Es gibt doch bestimmt noch ein paar Wochenmärkte in Norddeutschland, auf denen ihr eure Stände noch nicht aufgebaut habt. Schön wäre auch die Idee, jeweils in Zweierteams durch Deutschland zu reisen, am Samstagmorgen bei wildfremden Leuten zu klingeln und mit ernster Miene „Guten Tag, wir würden mit Ihnen gerne über Wacken reden“ aufzusagen. Schlechter als die Zeugen Jehovas dürften die Zeugen Wackens auch nicht abschneiden. Und vielleicht gibt es ab und an auch mal ein Bier, statt einer zugeschlagenen Tür. Denkt mal drüber nach.

Angriff der schwarzen Bären

Bei manchen Produkten, die ganz selbstverständlich zum Alltag gehören, fragt man sich gelegentlich schon, wie und warum sie überhaupt entwickelt wurden und warum sie sich seit einer Ewigkeit am Markt halten können. Die Goldbären der Firma Haribo sind so ein Beispiel.

Die Gummiviecher wurden 1922 vom Boss Hans Riegel aus Bonn (Haribo) höchstpersönlich entwickelt, wenn auch noch in anderer Form und Zusammensetzung. Laut Wikipedia hießen die Dinger damals noch „Tanzbären", was wahrscheinlich besser zu den „Roaring Twenties" passte. Kaiser Wilhelm II., bekannt für seine Exzentrik, pries die Süßigkeit laut Haribo angeblich gar als „das Beste, das die Republik je hervorgebracht habe". Seit 1960 wurden aus den profanen Gummi- die Goldbären, die angeblich 99 Prozent der Deutschen kennen. Gleiches gilt übrigens für den Jingle mit den Kindern und den Erwachsenen. Eine Reichweite, die sogar Boris Becker blass (noch blasser) werden lässt. Logisch, dass sich unsere Experten aus dem Wacken-Marketing da nicht zweimal bitten ließen.

Im Jahr 2022 feierten die Bären ihren 100. Geburtstag. Und wo lässt man zu so einem Jubiläum richtig die Kuh fliegen? Richtig, auf dem Acker. Also entwickelte Haribo fix eine Sonderedition (das hatten sie auch schon zu verschiedenen Fußballendrunden wie WM und EM gemacht) und reihten sich mit einem eigenen Stand in die Händlermeilen ein. Der war schwarz und hatte rote Flammen auf dem Dach. Evil! Der echte Clou an der Sache: Die Bären waren ebenfalls schwarz (mit ein paar roten Ausreißern) und sollten vom Geschmack her an Fassbrause in den Varianten Zitrone und Holunder erinnern. Nun schmeckt Fassbrause für den Verfasser dieser Zeilen ja, als hätte man einen Schluck Limo auf dem Kellerboden verschüttet und würde diesen dann auflecken. Aber die Geschmäcker sind gottlob verschieden. Die Haribo-Crew entwickelte nebenbei sogar extra Fanshirts (natürlich in Schwarz), die einen Goldbären mit Büffelhörnern und den Schriftzug „B:Ä:R“ zeigten. Diverse Besucher des Standes hätten so ein Shirt gerne mit nach Hause genommen, die Crew wollte allerdings keine herausrücken. Ärgerlich.

Da Metalheads bekanntermaßen kleine Spielkinder sind, gab es am Stand noch eine weitere Attraktion: eine spielbare E-Gitarre (Überraschung: schwarz) aus Mahagoni-Holz in Form eines Gummibärchens. Diese Gitarre existiert nur sechs Mal und wurde vom Berliner Gitarrenguru Alex Markusch entworfen und handgefertigt. Der Mann gilt unter Fachleuten als absoluter Experte und baute unter anderem schon Gitarren für Metallica, Helloween, Iron Maiden und Volbeat. Der Clou: Im Gitarrenkörper befindet sich ein kleiner Hohlraum, in den man Goldbären (oder andere vitalisierende Substanzen) verstauen kann. Falls einen auf der Bühne mal die Kräfte verlassen sollten. Das Instrument hat sogar einen Namen, „DeFender of Frohsinn“. J.B.O. lassen grüßen.

2023, also ein Jahr nach der Aktion, für die Haribo übrigens mit dem Deutschen Mediapreis in der Kategorie für die „Beste Media-Idee des Jahres: Markenerlebnis & Event“ ausgezeichnet wurde, übergab das Unternehmen eine der Gitarren an die Wacken Metal Academy. Mit Unterschriften von In Extremo, Hämatom und 5th Avenue (tatsächlich) versehen, dient sie nun dem Nachwuchs.

Die limitierte Auflage des Naschwerkes ist offiziell natürlich längst verschwunden, im Internet lassen sich aber immer noch Händler finden, die die Bären anbieten. Nahezu zum Originalpreis von einem Euro, aber mit horrenden Versandgebühren. Stellt sich die Frage, wie lange diese Biester eigentlich haltbar sind.

Hefte raus, Klassenarbeit

Wer bisher geglaubt hat, eine Karriere als strahlender Heavy-Metal-Held sei nicht erlern- oder studierbar, muss umdenken. Denn die Wacken-Macher haben in Hamburg die erste Metal Academy in die Welt gesetzt. Und diese bietet Ausbildungen in verschiedenen instrumentalen Bereichen an, die alle mehr oder minder für einen Einstieg ins Metal-Geschäft geeignet sind. Mit Abschluss und allem Pipapo.

Okay, natürlich ist eine Musikerkarriere nicht so leicht planbar wie der Werdegang eines Konditormeisters oder Hundefutter-Testers (die gibt es wirklich). Früher wurde so etwas gar nicht geplant, da trafen sich vier oder fünf Teenager in einer Garage, die mit Talent blieben übrig, fertig. Aber gewisse Grundlagen sollten Sänger und Musiker vielleicht schon beherrschen, wenn sie nicht ausschließlich als Background-Klimperer auf dem lokalen Altstadtfest enden wollen. Und diese Grundlagen werden in Hamburg vermittelt, verspricht zumindest die Webseite. „80 Prozent unserer Absolvent:innen arbeiten erfolgreich im Musikbusiness: als Live- und Studiomusiker:innen in eigenen Projekten sowie für weitere namhafte Künstlerinnen und Künstler, komponieren, arrangieren und produzieren für Film, Bühne und Fernsehen und sind auf allen Bühnen Hamburgs und erfolgreichen Festivals vertreten“, behauptet die Homepage darüber hinaus. Leider verrät sie nicht, wie viele dieser 80 Prozent für namhafte Künstler oder fürs Fernsehen arbeiten und wie viele an Projekten werkeln, die niemals den eigenen Keller verlassen werden. Aber so ist das eben in der Kunst: Mambo Kurt darf ins Fernsehen, während versteckte Jahrhunderttalente nicht mal das Geld für die GEZ-Gebühren zusammenbekommen.

Ganz so einfach ist es aber nicht, sich bei der Metal Academy einzuschreiben. Denn erstmal muss eine Aufnahmeprüfung in theoretischer und praktischer Form abgelegt werden. Das hier ist schließlich das Ozzy Oxford unter den Musikinstituten und

Schüler des ersten Jahrgangs der Wacken Metal Academy 2010.

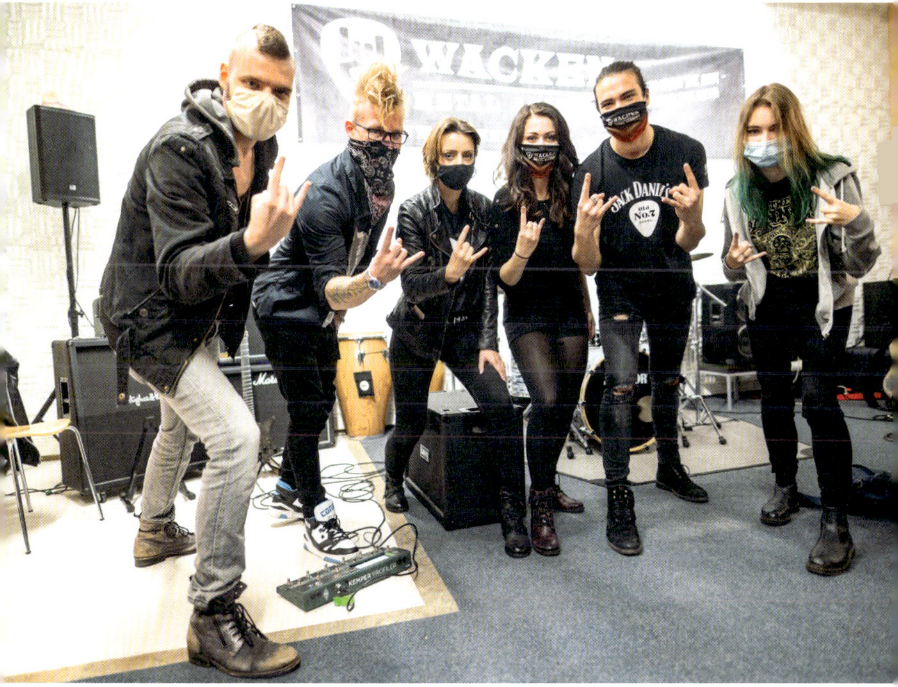

nicht die integrierte Gesamtschule Bad Fallingbostel. Wer keine Noten lesen und einen Dreiklang nicht von einem Vierklang unterscheiden kann, braucht gar nicht erst anzutreten und kann sich die 70 Euro Gebühren sparen. Ebenso steht ein Rhythmusdiktat auf dem Plan, also Hefte raus und fleißig mitzählen. In der Praxis durfen dann im gewünschten Hauptfach (Gitarre, Schlagzeug, Geige usw.) Metal-Klassiker oder Eigenkompositionen vorgetragen werden. Außerdem werden Grundkenntnisse in einem Nebenfach erwartet, zumeist darf der Noch-nicht-Studierende seine Künste am Klavier präsentieren. Also doch wieder Mambo Kurt.

Ist diese Hürde genommen, geht es ans Eingemachte. Es folgt eine zweijährige Vollzeit-Berufsausbildung für schlappe 640

Euro. Pro Monat. Wer keine Zeit für Vollzeit hat, kann auch andere Kurse mit geringerer zeitlicher Belastung buchen und sich einfach weiterbilden, um den Kollegen im Proberaum mal richtig einen einzuschenken. Der Lehrplan verspricht laut Homepage folgendes: „Haupt- und Nebenfachunterricht, Harmonielehre & Gehörbildung, Rhythm & Groove, Musikgeschichte, Pädagogik, Arrangement, Musikproduktion, Recording, Songwriting, Music & Business, Stage Performance Training, Bandtraining, Workshops, Konzerte & Jam Sessions und vieles mehr." Leider nicht angeboten werden akkurates Headbangen, dem Tourmanager die Gage des Abends aus der Jacke prügeln und Tourrider mit unverschämten Forderungen ausfüllen. Aber das kommt vielleicht noch. Wer das alles hinter sich gebracht hat, darf sich das Schriftstück „Berufsqualifizierender Abschluss zur professionellen Musikerin / zum professionellen Musiker im Bereich Rock und Metal" übers Bett hängen und an sechs Tagen der Woche weiter Taxi fahren. Immerhin ist die Ausbildung offiziell anerkannt, Schüler/innen-BAföG ist nicht rückzahlungspflichtig. Man ruiniert also im Nichterfolgsfall nicht sein ganzes Leben, sondern nur entscheidende Teile davon.

Bleibt abschließend noch die Frage, wer einen da eigentlich unterrichtet? Kommen James Hetfield oder Brian Johnson persönlich vorbei, um einem zu zeigen, wie es richtig geht? Ganz so ist es nicht, aber die Wacken Metal Academy lässt schon ein paar Profis auflaufen. Robert Klawonn von Xandria, Ally Storch von Subway to Sally, Corvin Bahn von Gammy Ray, Ilja John Lapin von The Hirsch Effekt, Britta Görtz und Mathias Blässe von Hiraes und weiteres Lehrvolk von Rang und Namen, die alle ihre Erfahrungen gesammelt haben. Denen wird es schon irgendwie gelingen, ein paar brauchbare Musikanten aus dem vorhandenen Angebot heraus zu schleifen. Schließlich brauchen wir neue Stars und Bands dringender als alles andere. Und wenn sie in der Wacken Metal Academy ausgebildet wurden, hege ich einen leisen Verdacht, auf welchem Festival diese zukünftigen Headliner dereinst spielen werden. Exklusiv, dafür inklusive eigener Merchandise-Reihe.

Film ab

Wacken gehört nicht nur zu den größten, sondern wahrscheinlich auch zu den am besten dokumentierten Metal-Festivals der Welt. Die Wacken-Crew selbst haut seit 2003 mindestens ein Live-Dokument pro Jahr auf den Markt. Dabei sind diese Zusammenstellungen nicht vollständig, da die Headliner oft die Freigabe von Ton und Bild verweigern, andere Bands möchten die Aufnahmen exklusiv für ihre eigenen Veröffentlichungen nutzen. Es gibt im Hintergrund jedes Jahr bestimmt ein herrliches Geschacher um die Rechte, aber so ist das Geschäft. Kleinere Bands freuen sich über die Werbung.

Neben den offiziellen DVDs und Blu-rays gibt es aber noch eine ganze Latte von Dokumentationen und Porträts, zum Teil mit, zum Teil ohne die Beteiligung des Wacken-Imperiums umgesetzt. Insgesamt sind es fast 20 dieser Filmchen, die professionellen Ansprüchen genügen. Der Autor hat seine fünf Favoriten rausgesucht und stellt diese vor. Persönlicher Geschmack geht dabei vor Erfolg oder Bekanntheitsgrad.

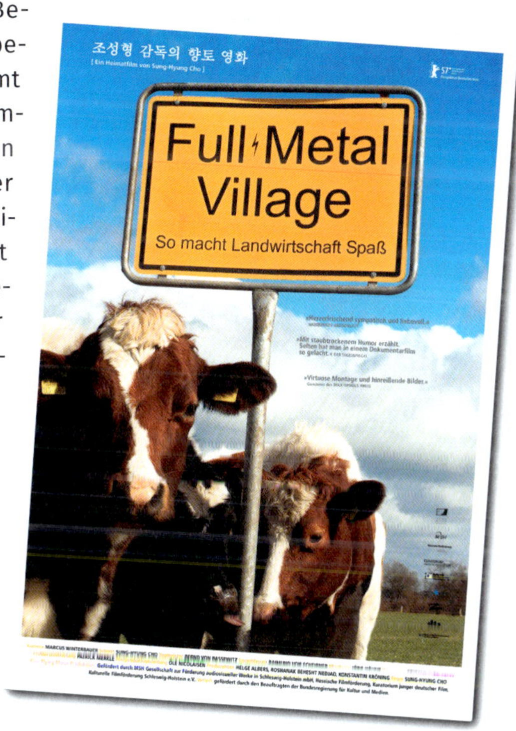

1. „Full Metal Village" von Cho Sung-hyung (2006)
An erster Stelle taucht gleich die wohl bekannteste Dokumentation aus dem Wacken-Universum auf. Die gebürtige Süd-

koreanerin Cho Sung-hyung drehte den Streifen in den Jahren 2005 und 2006 und traf damit offensichtlich einen Nerv. In „Full Metal Village“ geht es nicht um Musik, sondern um das Aufeinandertreffen zweier Welten. Deshalb auch der Untertitel „Heimatfilm“. Die alteingesessene Dorfgemeinschaft trifft auf wild aussehende Musikfans aus aller Welt. Das ist die Ausgangslage, die Cho dermaßen unterhaltsam in Szene setzt, dass der Film ein Renner wurde. Unvergessen sind zum Beispiel die Aufnahmen von Bauer Trede und seiner Lore (also seiner Frau), die viel zum Kultstatus des Landwirtes beitrugen. Aber auch die anderen Bewohner von Wacken nehmen kein Blatt vor den Mund und lassen sich über die „Plage“, die jedes Jahr einmal ihr Dorf heimsucht, aus. Cho schafft es, beide Seiten ernst zu nehmen und doch keinen in Deutschland so beliebten Problemfilm daraus zu machen. Dieses Unternehmen wurde mit diversen Auszeichnungen für die Regisseurin und den Film belohnt, unter anderem mit den Filmpreisen von Schleswig-Holstein und Hessen sowie dem Max Ophüls Preis. Der renommierte Deutsche Filmpreis, zu dessen Preisträger/innen unter anderem Iris Berben, Doris Dörrie, Wim Wenders und Michael Ballhaus gehören, wurde erstmals einem Dokumentarfilm verliehen. Cho drehte weitere Dokumentationen und arbeitet mittlerweile als Professorin an der Hochschule der Bildenden Künste Saar in Saarbrücken.

2. „Wacken“, Rockpalast, WDR (2006, 2007 und 2009)

Wer die Fernsehsendung „Rockpalast“ des WDR nicht kennt, liest das falsche Buch. Seit 1974 (mit Unterbrechungen) gibt es in dieser Sendung immer wieder großartige Live-Aufnahmen zu sehen. Lag der Fokus in den ersten Jahren noch auf Blues und Rock (Thin Lizzy, Rory Gallagher, The Who, Grateful Dead, ZZ Top etc.), öffnete sich das Format später und erweiterte das Repertoire auch um „modernere“ Stile wie Heavy Metal. Und so kommt es, dass gleich drei rund zweistündige Dokumentationen der Wacken-Festivals 2006, 2007 und 2009 von den „Rockpalast-Machern“ existieren. Alle drei sind sehenswert, denn die Macher verstehen ihr Handwerk, lieben (im Gegensatz zu irgendwelchen hippen Moderations-Hupfdohlen auf anderen Kanälen, die nicht mal die Bandnamen richtig aussprechen können) die Musik und stellen deshalb auch die sinnvolleren Fragen. Neben Interviews mit Peavy von Rage, Thomas vom Wacken und Mark von Napalm Death gibt es in den drei Sendungen massig Musik vom Festival, darunter unter anderem Running Wild, In Extremo, Hammerfall, Motörhead und viele mehr. Während die Ausgabe von 2007 in den ewigen Archiven der Mediathek verschollen zu sein scheint, lassen sich 2006 und 2009 noch problemlos abrufen. Wer also Lust auf eine qualitativ hochwertige Zeitreise hat, sollte sich diese wundervollen Dokumentationen nicht entgehen lassen. Endlich mal etwas, wofür man gerne GEZ-Gebühren zahlt.

3. „Metaller die auf Brüste starren" von Thorsten Hänseler und Dmitry April (2011)

Ja, ich gebe zu, dieser Streifen ist hauptsächlich in dieser Auflistung gelandet, weil er den schönsten Titel aller Wacken-Dokus besitzt. Die Anlehnung an den Film „Männer, die auf Ziegen starren" beziehungsweise das gleichnamige Buch von Jon Ronson zeigt schon, in welche Richtung der Streifen zielt. Ohne eine ordentliche Portion Humor braucht man diesen Low-Low-Budget-Streifen jedenfalls nicht zu starten. Der Inhalt? Nun ja, die beiden Filmemacher fahren nach Wacken und erleben auf dem Zeltplatz das, was jeder Besucher erlebt, der sich in dieses Gefahrengebiet begibt. Chaos, Spaß und jede Menge Krach. Häuseler und April beziehen normale Besucher in ihren Film mit ein, und es ist nicht immer ganz klar, ob es sich um abgesprochene Gags und „Unfälle" handelt oder ob es einfach passiert. Wer schon mal vor Ort gewesen ist, weiß: Beides ist möglich. Bands tauchen in diesem Streifen nicht auf, es geht rein um die Besucher und den Wahnsinn, der sich unter ihnen abspielt. Interessanterweise gelangte „Metaller die auf Brüste starren" sogar in verschiedene Kinos, was die beiden Macher ziemlich überrascht haben soll. Unter Kennern gilt dieses Werk als Kult streifen und näher am echten „Wacken-Gefühl“ als alle anderen. Eben weil ein paar Verrückte ein paar andere Verrückte treffen und einfach alles rauslassen. Häuseler und April scheinen ihre Filmkarriere allerdings nach diesem Werk gleich wieder in die Mottenkiste gepackt zu haben. Weitere Streiche der beiden sind nicht bekannt.

4. „Wacken 3D“ von Norbert Heitker (2014)

Diese Kinoproduktion von Echo-Preisträger Norbert Heitker (die Auszeichnung gab es für Rammsteins Clip zu „Engel“) lockt mit einem ganz besonderen Versprechen: Dank der 3D-Technik kann man ganz gemütlich im Sessel sitzen bleiben und trotzdem mitten ins Geschehen eintauchen. Hat da etwa jemand die Corona-Pandemie ein paar Jahre später vorausgesehen? Wahrscheinlich nicht. Der hoch dekorierte und extrem erfolgreiche Regisseur von Werbefilmen und Musikclips (unter anderem Die Ärzte, Die Toten Hosen, Donots usw.) wollte wahrscheinlich nur mal ausprobieren, was passiert, wenn man ein Festival wie das Wacken in 3D filmt. Nun, es funktioniert. Von der obligatorischen Schlammbaderei über Backstage-Begegnungen bis hin zu einem Besuch auf einer der Hauptbühnen vermittelt der Streifen tatsächlich eine gewisse Nähe zum echten Erlebnis. Allein der Blick von einer der Mainstages auf das Meer aus Fans ist es wert, in diesen Film mal reinzuschauen. Von der Presse wurde das Werk überwiegend positiv besprochen, selbst „seriöse“ Presse-Erzeugnisse wie die „Welt“ oder die „Frankfurter Allgemeine Sonntagszeitung“ sind voll des Lobes. Wahrscheinlich hauptsächlich deshalb, weil die Redakteure nicht selbst nach Wacken fahren mussten, sondern zu Hause bleiben durften. Am Ende des Tages auch egal, es gibt obendrauf beindruckende Ausschnitte der Auftritte von Alice Cooper und Motörhead in 3D-Optik. Und für Leute, die schnell seekrank werden, gibt es den ganzen Streifen auch in 2D, was keinen Sinn ergibt, weil das Besondere ja gerade die Perspektive ist. Wir leben in einer verrückten Welt.

5. „Welcome to Wacken“ von Sam Dunn (2017)

Was ist die Steigerung von 3D? Richtig, die virtuelle Realität. Und die bringt Sam Dunn nach Wacken, der seit dem Jahr 2005 jedem Metal-Fan ein Begriff sein sollte. Der studierte Anthropologe mit Hang zu Heavy-Metal-Dokumentationen veröffentlichte in diesem Jahr sein Debüt „Metal – A Headbangers Journey“ und lieferte damit einen der beeindruckendsten Streifen zum Thema überhaupt ab. Doch das war erst der Anfang, es folgten weitere Highlights wie „Global Metal“, „Iron Maiden: Flight 666“, „Rush: Beyond the Lighted Stage“ und „Super Duper Alice Cooper – Welcome to His Nightmare“. Dazu kommt die mehrteilige Serie „Metal Evolution“, die sich den verschiedenen Subgenres des Heavy Metal widmet. Allesamt Pflichtveranstaltungen für das rockende Heimkino. 2017 erblickte mit „Welcome to Wacken“ ein besonderer Film das Licht der Öffentlichkeit. Denn hier ist der geneigte Headbanger nicht nur dabei, sondern wirklich mittendrin im Geschehen. Die richtige Brille von Google, Apple, Oculus Rift oder anderen Anbietern vorausgesetzt. In diesem Streifen kann man sich quasi frei in Wacken bewegen, den Biergarten besuchen, im Partyzelt vorbeischauen oder Arch Enemy bei vollem Pyroeinsatz auf der Bühne besuchen. Hier verschwimmen die Grenzen von Realität und Fantasie, zwischen Film und Computerspiel. Jede Szene ist aus allen möglichen Blickwinkeln zu begutachten, auf diese Weise kann auch Extramaterial freigeschaltet werden. Willkommen im 21. Jahrhundert! Es bleibt spannend, welche Filme uns in Zukunft aus dem Hause Wacken ins Haus schneien. Vielleicht welche, in denen wir tatsächlich in den Mob springen oder gar ins Geschehen auf der Bühne eingreifen können? Nur einen Wunsch hätte ich: Bitte kein Geruchsfernsehen!

Ausgestellt und angegafft

Laute Gitarrenmusik und Museumsmuff passen nicht zusammen? Dreimal laut gelacht. Viele Metal-Fans sind schon länger der Meinung, dass Wacken ein Fall fürs Museum ist. 2019 wurden diese Rufe endlich erhört, anlässlich des 30. Geburtstags des Festivals eröffnete im Itzehoer Kreismuseum Prinzeßhof (ausgerechnet) eine Sonderausstellung, die rund 300 Exponate zeigte. Und wir laufen da mal durch, wenn auch mit ein bisschen Verspätung. Also raus aus den Straßenschuhen, rein in die Museumspuschen (damit das teure Parkett nicht zerkratzt) und möglichst andächtig dreinschauen. Und noch eine Anmerkung für den Herrn in der dritten Reihe: Das Bier bleibt zu.

30 Jahre Wacken. Da mag man meinen, es müsste eine Menge Sehenswertes zusammengekommen sein. Allein, was über die Jahre im Schlamm steckengeblieben und versickert ist. Da müssten ganze Campingwagen zu finden sein. Die Ausstellung selbst zeigte sich 2019 ehrlicherweise eher von der unspektakulären Seite. Eine Jeansweste mit Aufnähern von Nervosa und Amon Amarth kann schon mal keinen historischen Wert besitzen, sondern höchstens den gewöhnlichen Museumsgästen erklären, wie so eine Metal-Kutte ungefähr aussieht. Die Sammlung von Pfandbechern aus 30 Jahren sieht da schon interessanter aus. Zumindest so lange, bis man mit einem Blick in den Unterschrank in der eigenen Küche feststellt, dass man da mehr oder weniger mithalten kann.

Die alten Plakate aus den Anfangstagen sind tatsächlich eher niedlich. Noch keine Spur vom durchdesignten Perfektionismus der Jetztzeit. Stattdessen richtig schöne Werbesprüche („Das Kultfestival"), schräge Formen und furchtbare Farben. Herrlich. Fotos vom Ground kennt man zur Genüge, diese dürften tatsächlich nur völlig unbeleckte Besucher/innen überraschen. Und dann gab da noch ein Zelt. Ein gewöhnliches, ziemlich sauberes Zelt, vor dem ein Campinghöckerchen mit der maximalen

Fotos und Exponate von Musikern stehen in der Jubiläumsausstellung „30 Jahre Open Air Festival Wacken" im Kreismuseum Prinzesshof in Itzehoe.

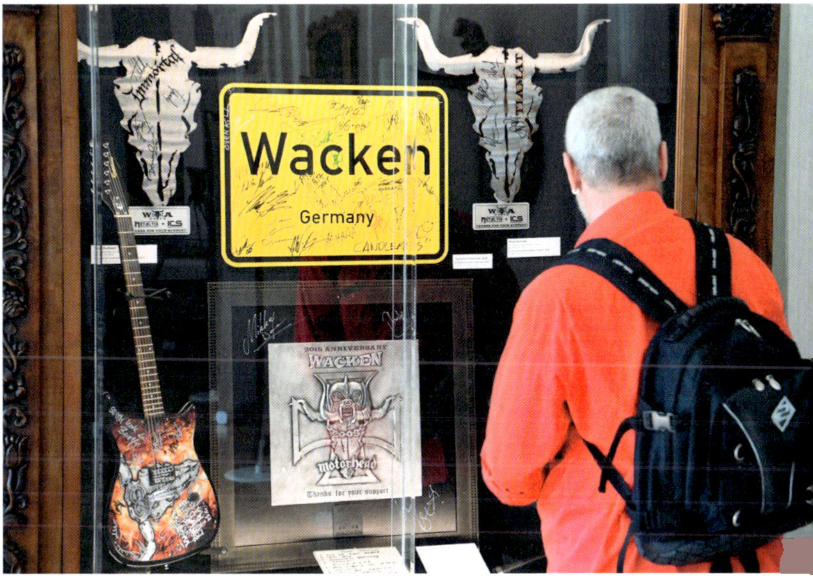

Tragkraft von 45 Kilo sowie drei leere, aber akkurat angeordnete Dosen Bier arrangiert waren. Hier hätte man sich von der Kuratorin mehr Mut zur Wahrheit gewünscht. Auf dem Hocker findet ja nicht mal das Grillgut für einen Abend Platz, drei Dosen Bier sind maximal das Frühstück für die minderjährige Begleitung, und das Zelt sieht so jungfräulich rein aus, als wäre es gerade aus der Verpackung gezogen worden. Nein, da habe ich den Campingground aber ein bisschen anders in Erinnerung.

Die Sonderausstellung währte nur von Juli bis Oktober 2019 und verschwand dann wieder in den Archiven. Für eine Neuauflage darf es ein bisschen mehr Kreativität sein. Wozu hat man denn einen Film in Virtual Reality in der Hinterhand? Warum nicht mal eine echte Wacken-Kuh ins Museum stellen (natürlich unter den allerbesten Bedingungen)? Wo sind die Lautsprecherboxen, aus denen authentische Live-Aufnahmen dröhnen? Und warum sitzt Mambo Kurt nicht Heimorgel spielend am Eingang und reißt die Karten ab? Leute, das muss faster, harder, louder gehen.

Wacken Memory

Man kann in Wacken ja so ziemlich alles haben beziehungsweise bekommen. Von akutem Durchfall über Keuchhusten bis zur spontanen Hopfenallergie ist alles schon mal passiert. Aber Langeweile gehört definitiv nicht dazu. Wie in diesem Buch hoffentlich anschaulich dargestellt, sorgen alleine vier parallel spielende Bands, Computerspiele, Fußballmatches, Filmvorführungen, unzählige Futter- und Trinkstände, diverse Info- und Verkaufsstände, Lesungen, Walking Acts, inoffizielle Bier-Pong-Turniere und weiß der Himmel was noch alles für angemessene Zerstreuung. Aber es soll tatsächlich Menschen geben, die sich auf dem W:O:A langweilen. „Ist ja gar nichts los hier", nölen diese Miesepeter herum und wollen jetzt verdammt noch mal unterhalten werden. Kein Problem, ihr verzogenen Gören, als Autor ist man ja auch nur Dienstleister. Hier ein paar einfache Spiele, die einem die Zeit auf dem Acker verkürzen können. Durchführung allerdings nur auf eigene Gefahr.

„Blinde Kuh"

Verbinden Sie dem Probanden die Augen noch vor Ankunft am Campingground, bauen Sie ihr Standardzelt auf, führen Sie den Probanden auf einen anderen Ground, drehen Sie ihn 30-mal im Kreis und nehmen Sie ihm dann die Binde ab. Wenn er Ihr gemeinsames Zelt innerhalb der nächsten fünf Tage findet, hat er gewonnen. Wenn nicht, werden es eben ein paar ziemlich kalte Nächte für ihn. Dafür haben Sie mehr Platz.

„Topfschlagen"

Verbinden Sie dem Gelangweilten schon wieder die Augen, nehmen Sie ihn ein Stück weit weg vom eigenen Zelt, veranlassen Sie ihn sich hinzuknien und geben Sie ihm einen Kochlöffel in die Hand. Jetzt muss er zwischen irgendwelchen fremden Zeltern herumkriechen und mit seinem Löffel schlagen, bis er eine

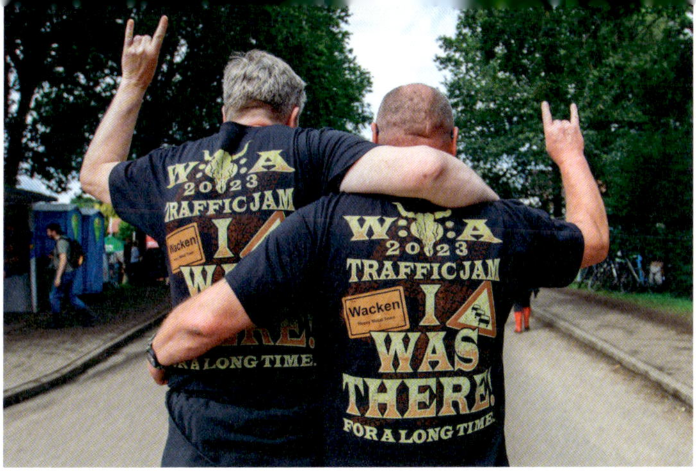

Ein perfektes Pärchen fürs „Wacken Memory"

volle, auf dem Boden abgestellte Bierdose umkloppt. Was er anschließend vom zwei Meter großen, aus Finnland stammenden und niemals lachenden Besitzer der Dose erhält, darf der Teilnehmer behalten.

„Wacken Memory"

Auf einer Hochzeit oder einer Mode-Gala kann es nichts Schlimmeres geben, als zwei Damen, die das gleiche Kleid anhaben. Das wird einem in Filmen und Serien zumindest suggeriert. In Wacken ist das anders, da es trotz der Vielzahl von Bands und Motiven nur eine bestimmte Anzahl von Fanshirts gibt, die im Umlauf sind. Deshalb ist das folgende Spiel auch ganz einfach. Suchen Sie sich wahllos ein Männlein oder Weiblein mit einem Shirt von Megadeth, Knorkator oder Saxon. Erklären Sie der Person, dass sie unbedingt an Ort und Stelle stehen bleiben muss, auch wenn es Stunden oder Tage dauert. Gehen Sie jetzt weiter und suchen Sie eine Person, die genau das gleiche Shirt (Motiv und Farbe, die Größe darf variieren) trägt. Nehmen Sie diese Person bei der Hand und führen Sie sie zur ersten Person. Die beiden „Zwillinge" werden sich freuen, dass Sie einander haben. Natürlich müssen Sie an Ort und Stelle stehen bleiben. Suchen Sie nun wahllos die nächste Person mit einem Shirt von Napalm Death, Machine Head oder Riot V ... Das Spiel ist erst dann erfolgreich beendet, wenn alle Pärchen in Wacken gefunden sind und ruhig beieinanderstehen. Viel Erfolg.

„Ohne Hände“

War das früher nicht immer ein Spaß, wenn man auf Kindergeburtstagen Torten, Schaumküsse oder ähnliche Schmoddereien vertilgen durfte, dabei aber die Hände auf dem Rücken gebunden hatte? Diesen Spaß können Sie sich wiederholen, in der leicht abgeänderten Wacken-Version. Drei, vier oder sechs Mitspieler hocken um einen Campingtisch herum, die Hände natürlich hinter dem Rücken. Auf dem Tisch stehen drei Dosen mit eiskaltem, köstlichem Bier. Wer die anderen Mitbewerber wegbeißt, eine Dose ergattert, diese nur mit dem Mund öffnet und anschließend freihändig austrinkt, hat gewonnen. Ein Riesenspaß für Menschen, die sonst alles haben. In der Version für Vollprofis bleibt der Versuchsaufbau ähnlich, allerdings stehen Flaschen mir Wodka, ein Likör mit Aprikosengeschmack, eine Pulle Grenadine und Säfte mit Zitronen- und Maracuja-Aroma. Dazu ein Cocktailshaker, Eiswürfel, eine ganze Orange, ein Messer und ein paar Minzblättchen. Ziel ist es, ohne Hände einen Touchdown zu mixen, der so auch in der Bar des Knickerbockers in New York serviert werden könnte. Gute Unterhaltung.

„Wackstecken“

Sie sind langhaarig, haben einen zotteligen Bart und einen Bauchansatz, tragen nur schwarze Bandshirts und kurze Hosen und trinken gerne Bier? Dann sind Sie perfekt für dieses Spiel. Ihr gelangweilter Spielpartner soll sich umdrehen und bis 1.000 zählen. Sie verschwinden derweil im Getümmel, kaufen sich ein oder zwölf Getränke und schauen sich in aller Ruhe vier Tage lang die Bands an, während ihr Kollege Sie suchen muss. Glauben Sie mir, der Typ rennt immer noch über den Acker, während Sie schon längst wieder zu Hause auf der Couch sitzen.

Heiter bis wolkig

Denkt man an Wacken, fallen einem automatisch zuerst Bilder von einem matschigen Acker und grau verhangenem Himmel ein. Das ist kein Zufall, denn tatsächlich regnet es in Schleswig-Holstein Anfang August ziemlich häufig. Das Besuchervolk hat sich längst daran gewöhnt, nimmt es mit Humor und fährt zur Not mit dem Schlauchboot zum Infield. Dabei hat alles mal so gut angefangen.

Im Debütjahr 1990 fiel nämlich kein einziger Tropfen Regen, die Tageshöchsttemperaturen lagen bei 24 Grad. Mit anderen Worten: perfektes Festivalwetter. Von diesem Glückstreffer angestachelt dachten sich Hübner und Jensen wahrscheinlich, es würde ewig so weitergehen. Falsch gedacht, schon 1993 fielen mehr als 15 Liter Regen pro Quadratmeter auf das Festival. Das erste wirklich nasse Wacken der Geschichte, das sich 1999 nahezu identisch wiederholen sollte. 2002 regnete es ebenfalls langanhaltend und ergiebig, allerdings kein Vergleich zu 2005. Hier wurden mit mehr als 22 Litern pro Ackermeter neue Rekorde aufgestellt, stundenlang war es kaum möglich, sich Bands anzusehen. 2008 war es weniger die Menge insgesamt als vielmehr die Heftigkeit der Schauer, die über das platte Land fegten. Und das natürlich immer zu den unmöglichsten Momenten. Als der Verfasser dieser Zeilen todesmutig aufbrach, um sich das US-Frickel-Kommando Cynic anzusehen, regnete es ausgerechnet in dieser Zeit kleine Katzen und Hunde vom Himmel. Das Ergebnis: Vor der Bühne harrten wenige hundert Menschen aus, die da auch rumstehen, wenn gerade keine Band spielt. Und zu allem Überfluss hatte sich eine riesige Pfütze um die einzige strategisch günstig gelegene Bierbude gebildet. Herzlichen Dank.

2011 wurden dann alle Schleusen geöffnet und alle Rekorde gebrochen: Ähnlich wie 2023 stand so ziemlich alles unter Wasser, was nicht mindestens einen halben Meter über dem Boden steht. Aber schlimmer geht immer: 2015 fielen fast 27 Liter Regen pro Quadratmeter, Anreise und Aufenthalt wurden zur absoluten Geduldsprobe. Zwar berichtete die Presse auch damals schon ausgiebig, aber bei weitem nicht so reißerisch wie 2023. Andere Zeiten, andere Presseartikel. Immerhin durften damals alle aufs Gelände, auch wenn einige beim Anblick der völlig überfluteten Zeltplätze gleich wieder kehrt machten. Das Fahrtenschwimmer-Abzeichen war in diesen Jahren Mindestvoraussetzung für eine Teilnahme.

Doch es sind ja nicht nur die Wassermassen von oben, die einem den Spaß nachhaltig versauen können. Auch die Außentemperaturen sollten im Idealfall mitspielen. Nicht zu heiß, weil man sonst den Gegenwert eines Kleinwagens in Getränke investiert. Nicht zu kalt, damit einen die Erkältung nicht schon vor Ort aus den Stiefeln haut. Seit 1990 ging es mit der Durchschnittstemperatur kontinuierlich bergab, bis 1995 der traurige Tiefpunkt erreicht wurde. 15 Grad als Tageshöchsttemperatur sind mal eine frostige Ansage. Fairerweise muss angemerkt werden, dass das W:O:A in diesem Jahr zum ersten und bisher einzigen Mal im Mai stattfand. Trotzdem eine eher kühle Angelegenheit, zwei Jahre später lag die Höchsttemperatur fast doppelt so hoch. 2004, 2008, 2013 und 2018 wurde die 30-Grad-Marke geknackt, das mit Abstand heißeste Festival ging 2022 über die Bühne. Die aufgrund von Corona nach Live-Musik ausgehungerten Fans brutzelten bei über 34 Grad unter dem gelben Satan. Da hätten sich viele eine kleine Erfrischung von oben herbeigesehnt. Aber so ist es immer, nie ist es richtig. Dank Klimakatastrophe erwarten uns sicher noch einige interessante Open-Air-Festivals, bis man solcherlei Veranstaltungen ganz verbietet und in die Halle verlegt. Schöne neue Welt.

Bandsalat

Irgendein findiger Fuchs kam irgendwann auf die Idee, die Eintrittskarte gegen ein Bändchen auszutauschen. Das erspart gerade auf Festivals, bei denen man das Gelände zwischendurch ja immer mal wieder verlässt, das lästige Kramen nach der Karte. Außerdem lässt sich, solange man seinen Arm behält, nicht so leicht verlieren. Es gibt sie aus Plastik und Stoff, in billig und hochwertig. Im Amtsdeutsch heißen sie Kontrollarmbändchen, was sehr ernst und wichtig klingt. In Wacken sind die Bänder mittlerweile sogar Zahlungsmittel, mittels eines im Bändchen eingearbeiteten, aufladbaren Chips entfällt das Mitschleppen (und Verlieren) der Geldbörse. Nachteil: Wer sich mit letzter Kraft am Tresen festklammert und seine Bestellung nur noch per Handzeichen abgeben kann, während der andere Arm mit dem Bändchen schlaff über der Theke hängt, hat am nächsten Morgen vielleicht mehr ausgegeben, als er wollte. Aber hey, Wacken ist nur einmal im Jahr.

Nicht wenige Wacken-Stammgäste haben es sich angewöhnt, das Bändchen nach dem Festival nicht zu entfernen, sondern einfach weiter als Schmuck zu tragen, obwohl sie sich im normalen Leben selten ausweisen müssen, um eine Wiese zu betreten. Und bei Burger King kann man damit auch (noch) nicht zahlen. Dieses Phänomen der Sammelleidenschaft ist auch bei so genannten Freundschaftsbändchen zu beobachten, die man einfach ohne dazugehöriges Festival verschenkt. Bei manchen Menschen bildet sich im Laufe der Zeit ein regelrechtes Stoffknäuel, das schon mal den Umfang eines Handballs oder eines Bienenstocks erreichen kann. Und dieses Ding ist dann bei allen sauberen und unsauberen Aktivitäten dabei, weil manche es als eine Art Statussymbol sehen und deshalb gerne zur Schau stellen.

Dr. Alison Cottell von der University of Surrey in England hatte 2015 nichts Besseres zu tun, als zu untersuchen, ob über Jahre getragene Festivalbändchen ein hygienisches Problem dar-

Bändchen gelten auch außerhalb des Festivals mittlerweile als Schmuck.

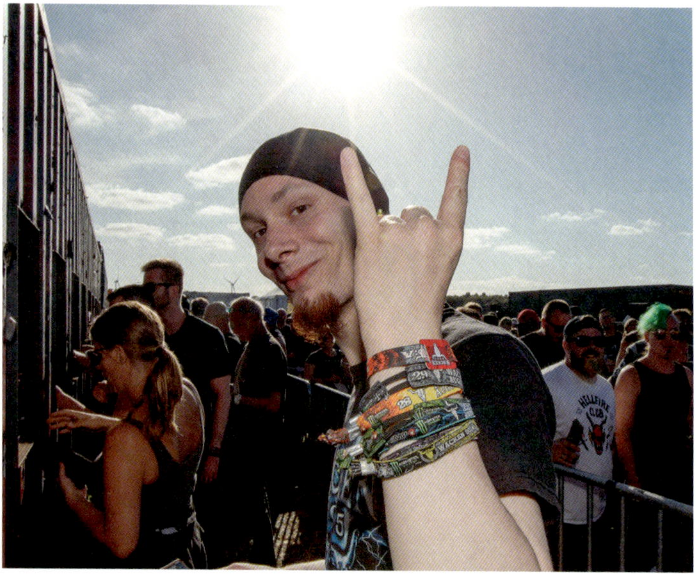

stellen. Die Antwort lautete: nein. Zwar fanden sich zwischen 200 und 600 Millionen Bakterien im Gewühl am Handgelenk der Teilnehmer, allerdings fast nur Mikrokokken und Staphylokokken. Die sind grundsätzlich auf der Haut eines jeden Menschen und nicht gefährlich. Zum gleichen Ergebnis kam der Australier Dr. Nick Coleman von der University of Sydney. Scheint für die Forschung ein brennend heißes Thema zu sein.

Problematisch kann es nur werden, wenn sich unter den Bändchen eine offene Wunde befindet, so der Spiegel, der 2018 über das Thema berichtete. Und auch hier wären nicht die Bakterien das Problem, sondern die Verschmutzung, die in die Wunde gelangen könnte. Wer seine Bändersammlung also regelmäßig mit Duschgel einschäumt, damit das Handgelenk nicht wie ein verendeter Iltis müffelt, kann also guten Gewissens mit so einem Konvolut vergangener Festivals durch die Gegend laufen. Sieht halt albern aus, aber irgendwas ist ja immer. Katzenhalter sollten allerdings vorsichtig sein, gerade die unteren Enden mit dem Verschluss üben eine starke Anziehungskraft aus.

Borowski und die Welt da draußen

Schon seit Jahrzehnten geht die Mär um, die öffentlich-rechtlichen TV-Sender würden sich nur an ältere Menschen richten, die zwischen „Tagesschau“, „Traumschiff“ und „Bares für Rares“ selig vor sich hinschlummern und ihren Blasentee kalt werden lassen. Das größte Experiment ist vielleicht mal eine wild gemusterte Bluse der Nachrichtensprecherin, dann muss aber auch gut sein mit den Exzessen. Wir können auch anders, dachte sich das „Tatort“-Team Kiel, jetzt lassen wir mal die Kuh fliegen. Und sie schickten den feinfühligen, intellektuellen, immer ein bisschen über den Dingen schwebenden Ermittler Klaus Borowski (Axel Milberg) im November 2023 auf den härtesten Acker der Welt.

Nun entsteht Spannung und Humor oft durch Gegensätze, was auch in diesem Fall ganz gut funktioniert. Borowski schlurft halb irritiert, halb belustigt und auch ein bisschen angeekelt durch das Dorf, in dem sich bereits diverse Metalheads tummeln. Erfahrene Wacken-Besucher erkennen nach wenigen Einstellungen: Hier wurde Rücksicht auf die Stammkundschaft der ARD genommen. Die Leute, die da in Schwarz durchs Bild wackeln, während die Polizei die Mutter eines toten Säuglings sucht (was weder mit Wacken noch mit der Metal-Kultur irgendetwas zu tun hat), haben maximal ein halbes Alster intus, schmeißen nicht mit Kippen oder Tüten, grölen fast gar nicht herum und sehen insgesamt so Metal aus, wie sich ein ARD-Redakteur das halt so vorstellt. Kein einziges Plakat im ganzen Film trägt das Wacken-Logo (Angst vor Schleichwerbung?), keine Wildpinkler oder Koma-Patienten, soweit das Auge reicht. Und wo ist der bei allen so beliebte Anreisestau hin? Im Film rollen da fünf Autos durchs Bild, in Wirklichkeit schlängelt sich der Stau durch drei Bundesländer. Wenigstens stimmt der Soundtrack halbwegs: Judas Priest, Motörhead, Accept, das lassen wir durchgehen.

Jungschauspieler Marven Gabriel Suarez-Brinkert gibt in seiner Rolle als Jan Thomsen den jungen wilden Headbanger-

Rebellen, wirkt aber eher wie der Enkel von Robert Smith. Und The Cure sind definitiv nicht Heavy Metal, nicht mal im Öffentlich-Rechtlichen. Egal, dafür haben wir ja noch Lenny Jensen (Nicolas Dinkel) mit seinem Metal-Podcast, der etwas authentischer rüberkommt. Das liegt auch an seinen vielen Tattoos, die die Maske aber ein bisschen aufwendiger hätte schminken können. Ach verdammt, die waren ja echt. Egal, besagter Jensen betreibt hauptberuflich einen Fanshop oder eine Kneipe (im Film schwer auszumachen), die scheinbar nur zu Wacken geöffnet hat. Muss sich in den paar Tagen ja lohnen, was immer er da verkauft. Und zu guter Letzt taucht natürlich noch der echte Thomas Jensen als Thomas Jensen auf, der den etwas griesgrämigen Festivalpaten gibt und ein paar Worte mit Borowski wechselt, bevor beide Paralleluniversen wieder ihrer Wege gehen. Mich würde interessieren, wie oft sie die Szene haben drehen müssen, weil Milberg sein Lachen nicht unterdrücken konnte.

Am Ende ist ein anderer Metal-Kneipenwirt, dessen Schankwirtschaft aussieht, als wäre sie von einem IKEA-Katalogfotografen eingerichtet worden, der Bösewicht. Die Langhaarigen sind ausnahmsweise fein raus und dürfen weiter Bier trinken. Aber bitte in Maßen. Das Baby ist zwar tot, die Mutter jedoch lebt, und so hätte dieser Fall ansatzweise gemütlich enden können. Aber nein, Drehbuchautorin Agnes Pluch aus Österreich möchte noch einen draufsetzen. Und so müssen Borowski und sein Chef Schladitz (Thomas Kügel; nebenbei noch Bürgermeister in Niederkaltenkirchen, zefix) mit Lederjacken und Käppis ganz zum Ende mitten rein in die Menge, echtes Wacken-Feeling schnuppern. Mittels nicht definierbarer Armschlenkereien und unangenehm anmutenden Kopfzuckungen wird der Band The Halo Effect Tribut gezollt und ein bisschen vor der Bühne gepost. Ja, so stellt sich die ARD eine Subkultur vor. Am Ende auch nichts anderes als die Schwarzwaldklinik, nur ohne die weißen Kittel.

8,86 Millionen Menschen wollten den Krimi am Austrahlungssonntag sehen, zuvor lief er schon bei Filmfesten in Hamburg und Lübeck. Bestimmt haben da ein paar Leute ganz laut

„Wacken“ gerufen, als das Licht ausging. Kannste nichts gegen machen. Die wirkliche Leistung haben Jensen und Hübner vollbracht, nämlich ein Festival zu kreieren, das auf der einen Seite Bands wie Venom, Slayer, Mortician, Napalm Death oder Macabre auf die Bühne stellt (von den früheren „Erotiknummern“ gar nicht zu sprechen), andererseits aber in die piefige Gemütlichkeit des bundesweiten Sonntagabends einsickert, ohne für einen Aufschrei zu sorgen. Wahrscheinlich sind deshalb auch Sendungen wie „Aktenzeichen XY… ungelöst“ oder „Hartz und herzlich“ so beliebt. Der Durchschnittgucker weiß: Das Elend ist irgendwo da draußen. Aber solange es da bleibt, wo es ist, ist alles gut.

Almila Bagriacik und Axel Milberg beim Tatort „Borowski und das unschuldige Kind von Wacken“

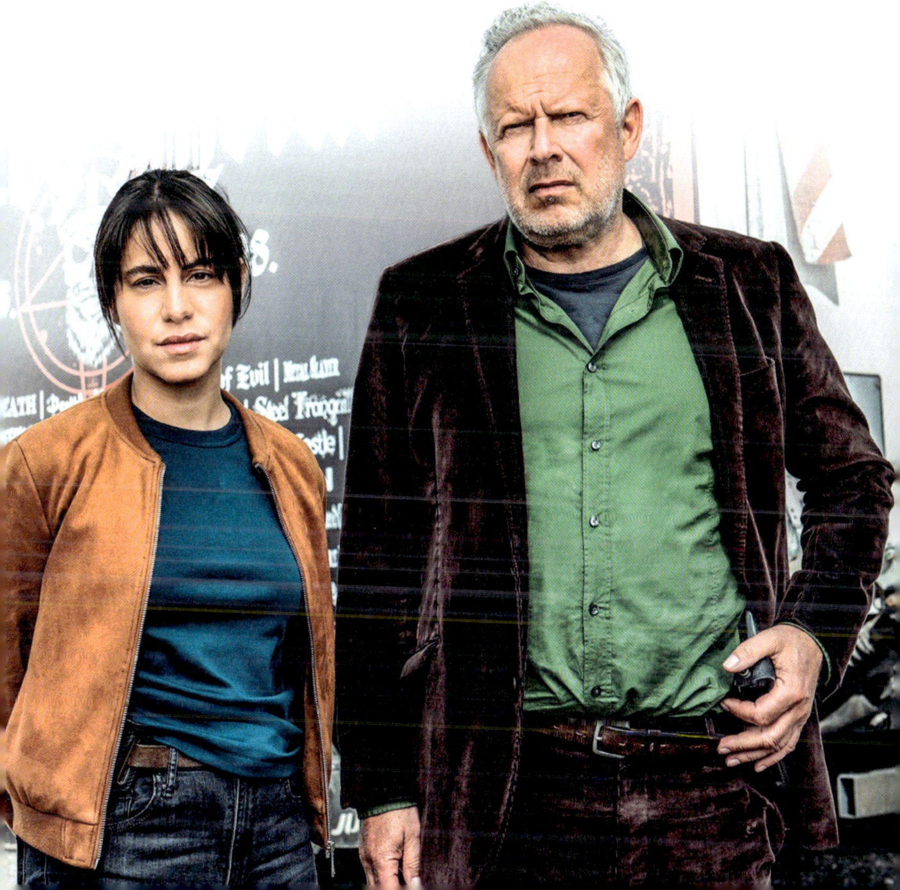

AHA!

Fröhliche Wackennachten

Wer es bis hierhin immer noch nicht begriffen hat, dem sei es noch einmal in aller Deutlichkeit gesagt: Wacken ist immer und überall. Und damit ist klar, dass auch die heiligste aller westlichen Sausen nicht von unserem geliebten Büffelschädel verschont bleibt. Weihnachten ist das Fest der Stille, Wacken ein Metal-Festival im August, auf den ersten und letzten Blick haben beide Veranstaltungen also nichts miteinander zu tun. Aber das hindert die Gang aus Schleswig-Holstein nicht daran, sich auch hier einzumischen.

In einer Sonderabteilung des Fanshops findet der geneigte Nikolaus-Banger all das, was eine Wackenisierung der besinnlichen Zeit vorantreibt. Baumschmuck in verschiedenen Ausführungen, Teelichthalter und Weihnachtsmützen sind schon mal ein guter Einstieg, aber noch längst nicht das Ende der Zuckerstange. Stilecht hockt der echte Festivalnerd nur in Weihnachtssocken und dem offiziellen Weihnachtsshirt (ein Schneemann mit Büffelkopf) unter der gemeuchelten Nordmanntanne. Dazu eine Wacken-Weihnachtstasse mit originalem Wacken-Glühwein in der einen und die Wacken-Schneekugel in der anderen Hand, dann wird das Bild langsam rund.

Als wichtigstes Zubehör hat sich in den letzten Jahren der „Ugly Sweater" herausgebildet, ein Trend, der ausnahmsweise nicht aus den USA, sondern aus Großbritannien stammt. Ziel ist es, einen möglichst hässlichen Pullover in Strickoptik zu tragen, auf dem großflächig Symbole wie Rentiere, Schneeflocken, Sterne, Kerzen und anderer Weihnachtskram verbaut sind. Dieser Trend wurde bereits in den 1980er-Jahren losgetreten, als irgendwelche britischen Stars mit diesen Pullovern im Fernsehen auftraten. Daraus entwickelte sich der hässliche Sweater als Scherzartikel, der sich vor allem in den USA und dem UK großer Beliebtheit erfreut. 2001 erschien der Film „Bridget Jones – Schokolade zum Frühstück", wo so ein Sweater eine prominente Rolle einnahm, der endgültige Durchbruch im westlichen Mainstream. Seit ungefähr 2015 ist auch Deutschland mit im Boot, jedes Bekleidungshaus verkauft mittlerweile seine eigenen Entwürfe, die allesamt so aussehen (sollen), als hätte sie eine demente Großmutter im Weihnachtswahn gestrickt. 2023 wählte der „Spiegel" den hässlichsten „Ugly Sweater" aus dem Angebot der 18 Fußballbundesligavereine (Sieger: VfL Wolfsburg). Und auch jede größere Metal-Band hat so ein Kleidungsstück in der Merch-Abteilung. Nur dass die Motive hier leicht abweichen. Slayer wünschen zum Beispiel mit jeder Menge umgedrehter Kreuze ein frohes Fest. Manche Dinge kann man sich nicht ausdenken, die müssen einfach passieren, damit man es glaubt.

Wacken bietet gleich mehrere Motive feil, unter anderem für Wikinger vom Wackinger-Dorf und für Anhänger der Wacken Firefighters. Wer damit bei der nächsten Familienparty vom Latten-Jupp aufläuft, verursacht nicht nur Augenkrebs bei allen Beteiligten, sondern teilt seiner Umwelt auch mit, dass er oder sie selbst beim Festmahl nur an Wacken denkt. Ob man diese Botschaft wirklich vermitteln will, steht auf einem anderen Blatt. Aber wenn schon unbedingt freakig, dann doch bitte konsequent. Wann bildet sich am Heiligen Abend der erste Flashmob auf dem Acker, mit selbst mitgebrachten Weihnachtsbäumen, einem amtlichen Weihnachtssingen und anschließendem Grillen der Weihnachtsgans mit Rotkohl? Subway to Sally haben bestimmt Zeit und könnten ein bisschen Musik machen. Und am Ende der Veranstaltung streiten sich alle, Papa betrinkt sich, und Mama schwört, nächstes Jahr über die Weihnachtstage mit einer Freundin nach Tunesien zu fliegen. Wäre das nicht schön?

Multitasking

In der Psychologie versteht man unter Multitasking die Fähigkeit, zwei oder mehr Tätigkeiten, die voneinander unabhängig sind, gleichzeitig ausführen zu können. Wer also ein Bier trinkt und gleichzeitig am Geschmack erkennt, dass es Bier ist, erfüllt die Voraussetzungen nicht. Wer hingegen mit der linken Hand einen Roman schreibt und mit der rechten den Keilriemen seines Autos wechselt, der ist ganz vorne dabei.

Entgegen der landläufigen Meinung, dass Frauen eher die Fähigkeiten zum Multitasking besitzen als Männer, sieht die Wissenschaft nach heutigem Stand keinen Unterschied bei den Geschlechtern. Auch das Alter der Probanden scheint keinen Einfluss auf diese Fähigkeit zu besitzen. Manche können es halt, andere nicht. Ob das Beherrschen dieser Disziplin Vor- oder Nachteil ist, darüber streiten die Gelehrten. Denn bei Licht betrachtet sind auch Tiere multitaskingfähig, sie können gleichzeitig nach Futter suchen und nach Geschlechtspartnern Ausschau halten. Einige Wissenschaftler sind der Meinung, dass die wichtigen Errungenschaften der Menschheit gerade darauf fußen, dass wir in der Lage sind, uns intensiv mit einer Sache auseinanderzusetzen und diese zu durchdenken. Das ist beim Multitasking nicht möglich.

Die Wissenschaftler, die diese These vertreten, waren sehr wahrscheinlich noch nie in ihrem Leben auf dem Wacken Open Air. Dort ist die Fähigkeit zum Multitasking geradezu überlebensnotwendig. Das beginnt schon mit den acht verschiedenen Bühnen, auf denen ständig gerade jene Bands gegeneinander spielen (zeitlich betrachtet), die man gerne gesehen hätte. Früher konnte man sich an die Schnittstelle der beiden präferierten Bühnen stellen, mit dem linken Auge und Ohr der einen Combo, mit dem rechten Auge und dem rechten Ohr der anderen folgen. Auf die Dauer anstrengend, aber so hat man wenigstens beide gesehen. Das ist heute dank der Entzerrung des Geländes schwieriger geworden und nur noch im Einzelfall möglich. 2012 pluckerten Ministry mit ihrem Industrial-Sound dermaßen penetrant auf der Hauptbühne, dass man sie wahrscheinlich noch in Hamburg gehört hat. Aber solche Ausreißer sind selten geworden.

Hat man die Bühnen und die verschiedenen Spielzeiten der rund 99 Bands, die man sich fein säuberlich auf einem Zettel notiert hat (und von denen man am Ende erfahrungsgemäß 15 tatsächlich sieht) erstmal auf die Reihe bekommen, hat das Hirn schon ordentlich Arbeit. Aber ein bisschen Restgrütze braucht man noch. Um sich zum Beispiel zu merken, wo das eigene Zelt steht, wo noch ansatzweise benutzbare Toiletten zu finden sind, wo es bezahlbares Essen gibt und wer eigentlich diese komischen Typen sind, mit denen man sich da die ganze Zeit unterhält. Ach ja, die eigenen Freunde. All diese Aufgaben sollen vom körpereigenen Betriebssystem übernommen werden, das aber bereits um die Mittagszeit von jeder Menge Gerstensaft geflutet ist und deshalb ohnehin schon im Notfallmodus operiert. Die Auswirkungen sind vorhersehbar. Systemüberlastung, ignorierte Warnungen, plötzlicher Computerabsturz zum unmöglichsten Zeitpunkt. Ein vollständiges Update und anschließendes herunter- und wieder hochfahren (Merksatz: Reboot tut gut) ist angesagt, bis am nächsten Tag der ganze Wahnsinn von vorne losgeht. Der offizielle Wacken-Guide rät zu diesem Thema altväterlich, jederzeit den gesunden Menschenverstand einzusetzen, was bei manchen Zeitgenossenen ja schon daran scheitert, dass sie keinen besitzen. Aber am Ende überstehen sie normalerweise den absoluten Overkill an Bands und Acker und fahren mit einem Lächeln wieder nach Hause, auch wenn die Festplatte ein paar Schäden genommen hat.

Mein erstes Wacken revisited

Diese Geschichte wurde in „Die Wahrheit über Wacken" schon einmal erzählt, allerdings in einem Waldorfschulen-Duktus, den heute kein Mensch mehr versteht. Deshalb ist es fast 30 Jahre (!!) nach den Geschehnissen nur recht und billig, die Story in angemessener Erzählweise vor dem Vergessenwerden zu bewahren. Also, auf zurück ins Jahr 1997, als die Uhren noch anders gingen, die Flüsse noch anders rochen und die ganze Welt anders tickte.

Leider ist im Sumpf der Geschichte verloren gegangen, wer wann wo und warum aus unserer Peer-Group auf die Idee gekommen ist, ausgerechnet nach Schleswig-Holstein zu fahren, um das Wacken Open Air zu besuchen. Wir hatten gerade unsere ersten Festival-Erfahrungen gesammelt, waren bei Iron Maiden, Metallica und Guns N' Roses gewesen und hatten eine ungefähre Vorstellung von Lautstärke, Getränkebedarf und den Unannehmlichkeiten vor Ort. Um ein Haar wäre die Nummer allerdings schon vor der Abfahrt schiefgegangen, denn ein lieber Freund und ich, die einzigen beiden Fahrer in unserem Quartett, mussten am Abend zuvor unbedingt noch in Mückes Weinkeller vorbeischauen. Sinnvollerweise schluckten wir uns durch das halbe Sortiment der gemütlichen Bar im niedersächsischen Gifhorn – mein Freund riss beim Aufstehen noch unseren Tisch um – und kehrten erst nach Mitternacht zurück. Der Schädel am nächsten Morgen war amtlich, aber mein Kumpel besaß ja auch noch einen Führerschein. Und das bessere Auto: einen komplett runtergerockten Polo, den heute ein Dutzend Klimakleber belagern würde, bevor man überhaupt den Zündschlüssel drehen könnte. Meinem Fiat trauten wir den Trip aber erst recht nicht zu. Also sammelte ich die anderen beiden ein, und wir trafen uns mit nur wenig Verspätung vor der Wohnung meines Trink-Kumpanen, dem es noch viel schlechter ging als mir. Er hatte schon damals nur knapp die Hälfte meines Gewichts und erklärte zerknittert an der Tür stehend, dass er die ganze Nacht gereihert hätte und heute ganz sicher nicht über drei Stunden gen Norden fahren würde. Und schon gar nicht bei hochsommerlichen Temperaturen. Es kostete uns eine Stunde, bis besagter Held der Weinstube grummelnd in seinem Auto saß, das ich auf die Straße lenkte. In einem mit Zelten, Bier und vier Leuten völlig überladenen Polo rasten wir mit Tempo 120 in Richtung Holy Ground – viele kleine schwarze Wölkchen aus dem Auspuff ausstoßend.

Vor Ort angekommen und den erträglichen Anreisestau überstanden (es waren ja nicht mehr als 10.000 Beteiligte) wollten wir eigentlich unsere Zelte aufbauen. Da wir uns aber verspätet hatten, und das Festival bereits in vollem Gange war (damals spielten als erste Bands noch so obskure Combos wie Don Bosco oder Undish), entschieden wir uns, das auf später zu verschieben. Abgesehen vom Besitzer des Wagens, der als Pfadfinder als einziger unserer Gruppe Zelterfahrung besaß. Wir anderen drei öffneten je ein Bier, schauten ihm beim Aufbau zu und ließen unseren Kram im Auto. Keine gute Idee. Aber so erlebten wir einen der letzten Dissection-Gigs in alter Besetzung, bevor Meister Nödtveidt erst für lange und anschließend für immer von der Bildfläche verschwinden sollte. Virgin Steele rockten anschließend die als Party Stage betitelte dritte Bühne, die damals noch in einem Zelt untergebracht waren. Starker Gig, soweit ich mich erinnere. Die im Nachgang an gleicher Stelle auftretenden Saviour Machine überforderten dann mit ihrer Bühnenshow. Der weiß gekalkte Frontmann Eric Clayton tauchte Israelflaggen in Blut und wedelte damit herum. Die christliche Ausrichtung der Band kam auch nicht bei allen gut an, ich erinnere mich an einen Typen mit umgedrehtem Kreuz um den Hals, der sich vom ersten Ton an mitten im Zelt platzierte und der Band nicht nur den gestreckten Mittelfinger entgegenstreckte, sondern auch einen ganz besonders grimmigen Blick. Diese Position änderte der junge Mann während des gesamten Auftritts nicht. Würde mich mal interessieren, was der Typ heute so macht.

Samael waren auf der Hauptbühne ziemlich langweilig, Therion machten das Zelt pickepacke voll, Rage traten mit Orches-

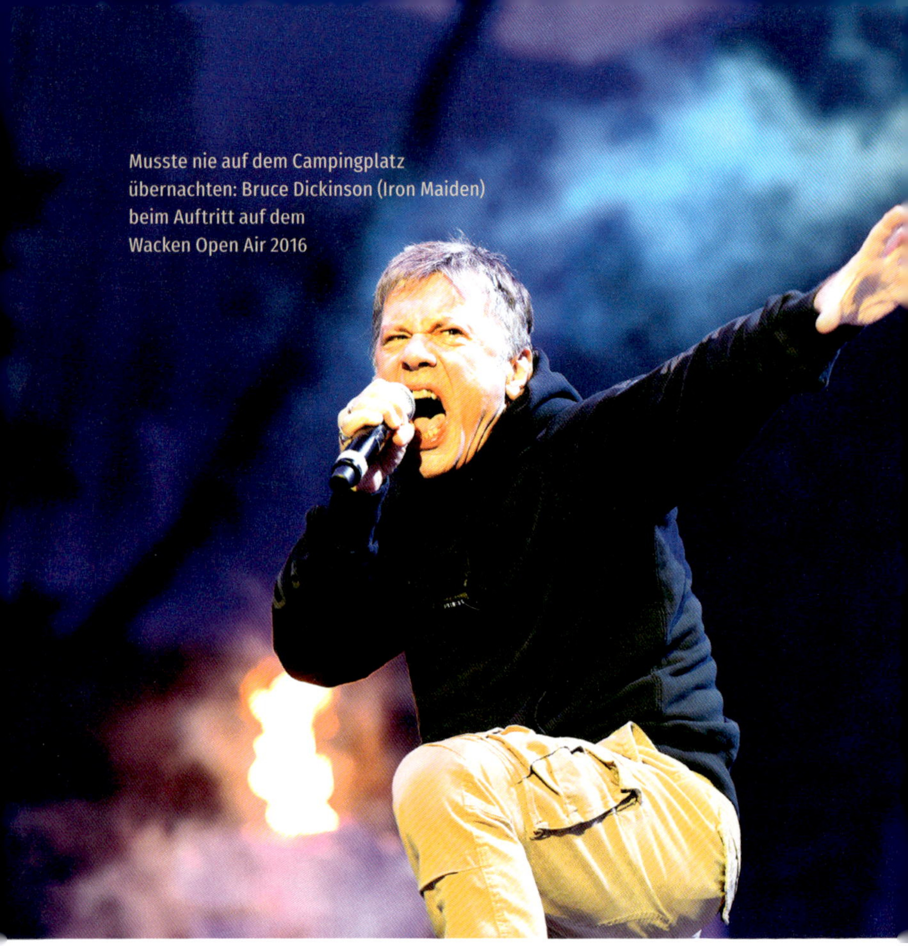

Musste nie auf dem Campingplatz übernachten: Bruce Dickinson (Iron Maiden) beim Auftritt auf dem Wacken Open Air 2016

ter auf, was damals irgendwie noch einigermaßen interessant wirkte, heute bei den meisten aber eher ein Gähnen verursachen dürfte. Ich erinnere mich außerdem an den Gig der Kiss-Coverer von Love Gun, den wir auf dem Weg vom Gelände zum Zeltplatz noch irgendwie mitnahmen. Auf dem Zeltplatz mussten wir dann feststellen, dass es abends auch in Wacken dunkel wird und wir unsere Behausungen nicht mehr aufbauen konnten. Dafür hatte mein Pfadfinderkumpel einen regelrechten Palast errichtet, in den sich aber nun unsere Begleiter verzogen. Wir hockten uns mit Kaltgetränken ins Auto, um die vielfältigen Eindrücke des Abends zu verarbeiten. Immer mal wieder fielen einem von uns mitten

im Gespräch die Augen zu, aber zum Schlafen kamen wir nicht. Das lag unter anderem daran, dass einer unserer Nachbarn, angereist mit einem ähnlichen Polo wie wir, auf die Idee kam, sich die Fahrer- und Beifahrertür an einem Baumstumpf abzufahren. Immer und immer wieder fuhr er mit geöffneten Türen gegen den Stumpf und lachte irre dabei. Als die Türen endlich ab waren, trat er mit einem Kumpel auf den Wagen ein und lachte. Wir fanden das seltsam. Ebenso wie das Gebaren einiger anderer Fans, die aus der Umgebung Holz zusammengesammelt und zu einem Scheiterhaufen aufgeschichtet hatten. Und ein Scheiterhaufen muss natürlich brennen, was dieser auch bald tat. Heute sind selbst Grillkörbe verboten, damals ging es noch ein bisschen rauer zu.

Da sich mittlerweile die Sonne am Horizont zeigte und es zum Schlafen eh zu spät war, entschlossen wir uns, einen kleinen Spaziergang ins Dorf zu unternehmen. Uns verlangte es irgendwie nach gehäckselten Schlachtabfällen mit Zwiebeln auf einem Brötchen. Und die Erinnerungen an das damals langsam erwachende Dorf Wacken im Ausnahmezustand ist mir besser im Gedächtnis geblieben als der Auftritt von so mancher Band. Aber das waren im Laufe der Jahre ja auch so einige.

Völlig unausgeschlafen, ungeduscht und übersichtlich motiviert begannen wir den Tag mit den Auftritten von Scanner, U.D.O. und Zed Yago, was eigentlich schon reichte. Dann kamen Overkill, die das machten, was sie heute auch noch machen, halt nur in rund 30 Jahre jünger. Frontmann Bobby ließ es sich zu dieser Zeit nicht nehmen, beim letzten Song mit dem Kopf voran ins Publikum zu springen (heute ist dieser Scherz aus Altersgründen gestrichen). Und auch schon damals war der Fotograben recht beachtlich. Ich hätte wirklich darauf gewettet, dass er aufs Absperrgitter knallt, tat er aber nicht.

Der anschließende Gig gilt als historisch, denn eine junge, schwedische Band stand zum ersten Mal außerhalb ihres Heimatlandes auf der Bühne. Die einschlägige Presse hatte Hammerfall in den Wochen zuvor zu so etwas wie den Heilsbringern des wahren Heavy Metal erklärt. Denn wir erinnern uns: Zu dieser Zeit dominierten Combos wie Limp Bizkit, Marilyn Manson und ähnliche Konsorten die Charts. Verschiedene Seiten hatten den Metal in seiner ursprünglichen Ausprägung also schon für tot erklärt, als diese Milchbärte plötzlich in Ketten und Leder auf der Bühne auftauchten und feinsten Stahl in melodischer Prägung vortrugen. Die Jungs waren nervös wie verrückt, siegten aber auf ganzer Linie. Und so versicherten wir uns alle gegenseitig, dass wir gerade der Rettung des Heavy Metal beigewohnt hatten.

Mehr kann man von einem Festival eigentlich nicht verlangen. Und da uns neben dem Schlafmangel auch noch die brutzelnde Sonne zu schaffen machte, waren wir uns eigentlich einig, dass jetzt ein guter Zeitpunkt wäre, um die Hühner zu satteln und nach Hause zu reiten.

Dann kam der Moment, in dem bekannt gegeben wurde, dass Rockbitch vom Partyzelt auf die Hauptbühne verlegt würde – und unser Pfadfinder plötzlich wieder aufwachte und unbedingt noch bleiben wollte. Alles Reden war umsonst, die mussten wir jetzt noch mitnehmen. Und das taten wir, schauten den übersichtlich attraktiven Musikerinnen dabei zu, wie sich gegenseitig alles Mögliche leckten und rubbelten, um nebenbei 08/15-Punkrock auf ihren Instrumenten zu schrammeln. Nicht schön, aber definitiv unvergessen.

Da es mittlerweile wieder dunkel war und wir komplett fertig mit der Welt, wurde beratschlagt, was zu tun sei. Ohne eine Minute Schlaf alle wieder in den Polo? Noch eine Nacht neben den Verrückten ausharren? Auf keinen Fall! Unser Pfadfinder schlug vor, ein paar Kilometer aus Wacken rauszufahren, dann irgendwo

Angela Gossow (Arch Enemy), Doro Pesch und der Verfasser dieser Zeilen anno 2004

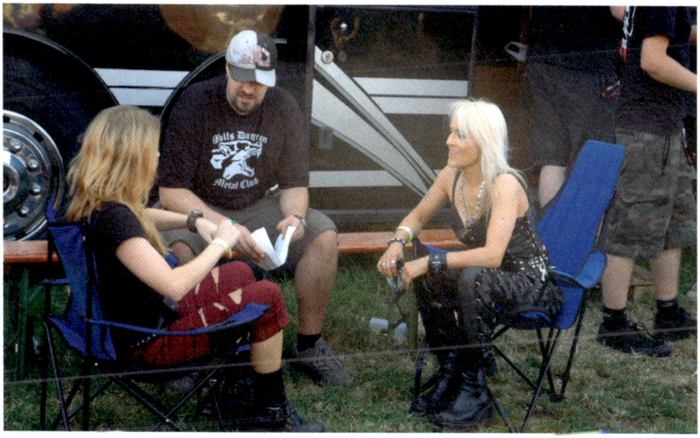

am Waldrand eines der Zelte wieder aufzubauen und zu schlafen. Wir zeigten ihm einen Vogel. Also rafften wir die eine aufgebaute Behausung wieder zusammen, warfen sie in den Kofferraum und stiegen ins Auto. Wir wollten so weit fahren wie es eben ging – und dann weitersehen. Die ersten 100 Kilometer sollte ich übernehmen. Der zweite Führerschein-Inhaber, der tagsüber locker acht Stunden gepennt hatte, schlummerte nach einer Minute selig und war auch nach 150 Kilometern durch nichts aufzuwecken. Heute darf man es ja niederschreiben, da die Sache längst verjährt ist: Aber Autofahren in der zweiten durchwachten Nacht ist gar nicht mal so angenehm. Nicht mal für einen jungen Bengel Anfang 20. Zumal die Tanknadel unseres Boliden schon seit längerer Zeit im roten Bereich festhing und die A23 kein Ende nehmen wollte. Haben Sie 1997 mal versucht, auf der A23 zu tanken? Das ging nämlich nicht, weil es da keine Tankstellen gab. Warum auch immer. Wir mussten bis nach Hamburg fahren, die letzten Meter bergab rollend, abwechselnd fast vom Schlaf oder Panik übermannt, jeden Moment stehen zu bleiben.

Das Benzin im Tank beruhigte, die aufputschenden Getränke verfehlten aber ihre Wirkung und so prüttelten wir über die B4 gen Heimat, als ich meine Scheibe runterkurbelte, um einen Brummifahrer anzuschreien. Der stand mit seiner gelben Karre mitten auf der Straße und versperrte sie. Beim Näherkommen erkannte ich, dass es sich um ein Ortseingangsschild handelte. Auch werde ich nie die Musik vergessen, die zu mir durchs jetzt durchgehend geöffnete Fenster drang. Das Rauschen des Fahrtwindes verband sich in meinem übernächtigten Hirn mit Songs, die ich am Wochenende gehört hatte. Und so konnte ich ganze Strophen oder Refrains aus dem Säuseln des Windes erkennen. So klar, als wäre das Autoradio gelaufen. Warum und wie wir sicher nach Hause gekommen sind, weiß ich bis heute nicht. Aber irgendwie hat es geklappt.

Dies war der erste von meinen insgesamt 13 Wacken-Besuchen bislang. Niemals war es wieder so aufregend, niemals wieder so anstrengend und niemals wieder so gefährlich. Nur einmal irgendwann in den Nullerjahren, hielten wir nachts mal auf dem Rückweg mitten in der Nacht auf einem Waldparkplatz an, weil unser Fahrer eine kleine Pause brauchte. Wir hatten alle die Augen zu und dämmerten vor uns hin, als es erst ein kurzes Krachen von draußen und dann einen Aufschlag gab. Das ganze Auto, und das war nicht mehr der kleine Polo mit Museumswert, wackelte. Wir stürmten mit Taschenlampen nach draußen, konnten aber weder Mensch noch Tier ausmachen. Und der Wagen, der immer noch leicht schaukelte, wies keine Beulen oder Kratzer auf. Mysterien, die nur auf der Heimfahrt aus Wacken passieren.

Zu zwei der drei Recken von damals habe ich noch Kontakt, der Pfadfinder ist nach China ausgewandert, ein anderer wohnt bei mir um die Ecke, und wir treffen uns regelmäßig auf ein Bier oder ’ne Cola. Einer ist vom Radar gerutscht, soll aber, wie wir alle, immer noch Heavy Metal hören und Konzerte und Festivals besuchen. Die Erinnerungen an dieses Wochenende verbindet über Jahrzehnte und Kontinente hinweg. Und wann immer sich Teile dieser Gruppe irgendwo sehen, kommen die alten Geschichten über Hammerfall, Rockbitch und den Typen, der sein eigenes Auto zerlegt hat, auf den Tisch. Zum Leidwesen anderer Freunde, die diese Geschichten schon mitsprechen können. Und jetzt gehören die Leser/innen dieses Buches auch dazu.

Das Quiz für echte Wacken-Experten

1. Beginnen wir doch mal ganz locker mit einer Frage, die selbst Volksmusikfans beantworten können: Wann fand das erste Wacken statt?

a) 1516
b) 1969
c) 1990

2. Wacken ist kein Alleingang, sondern Teamarbeit. Wie heißen die beiden Gründer des legendären Festivals, die einst zusammen Fußball spielten?

a) Tom und Jerry
b) Cheech und Chong
c) Thomas und Holger

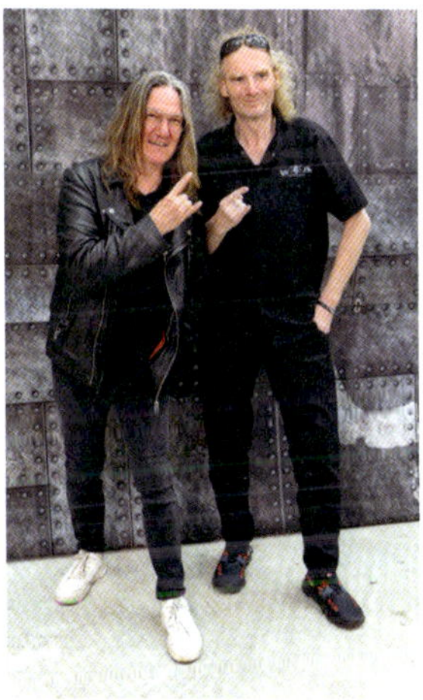

Wie hießen die Gründer nochmal?

3. Umsonst ist nur der Tod. Und das auch nur für den Betroffenen. Oder? Was mussten Besucher des ersten Wacken Open Air an Eintritt berappen?

a) Nichts, der Eintritt war kostenfrei
b) 12 Mark
c) 100 Mark und eine Müllpauschale

4. 2019 wurde Holger Hübner und Thomas Jensen ein Orden verliehen. Welche Auszeichnung können die beiden stolz wie ein preußischer General am Revers spazieren tragen?

a) Orden wider den tierischen Ernst
b) Order of the British Empire
c) Verdienstorden des Landes Schleswig-Holstein

5. Die Wacken-Macher sind echte Werbefüchse und schmeißen gerne mit „Claims" um sich. Welcher stammt nicht aus dem Think-Tank des W:O:A?

a) „Rain or Shine"
b) „Mach mit, mach's nach, mach's besser"
c) „Faster, Harder, Louder"

6. Im Jahr 2019 war das Festival zum 14. Mal in Folge ausverkauft. Was verhinderte das 15. ausverkaufte Festival in Folge?

a) Der Ausbruch von Corona
b) Auf dem heiligen Acker wurde eine seltene Käferart gefunden
c) Thomas und Holger hatten etwas Besseres vor

7. Wer in Wacken mal eben von der einen Bühne zur anderen pilgern will, sollte sich ein Butterbrot einpacken. Die Wege sind lang. Aber wie groß ist das Festivalgelände am nördlichen Zipfel Deutschlands eigentlich genau?

a) So groß wie das Saarland
b) So groß wie sieben Fußballfelder und ein halbes Feldhockeyfeld
c) 240 Hektar

8. 2009 besuchte der damalige CDU-Ministerpräsident Peter Harry Carstensen den Acker und versuchte, mit ein paar ungelenken Pommesgabeln Wählerstimmen abzugreifen. Die Fans aus Japan und Brasilien waren nur mittelmäßig interessiert. Welcher Satz ist von ihm anlässlich des Besuches überliefert?

a) „Ich bin ein Wackener."
b) „Ich komme nicht her, um die Musik zu hören, aber ich identifiziere mich mit dem Festival."
c) „Niemand hat die Absicht eine Mauer zu errichten."

9. Thomas Jensen spielte dereinst bei einer Coverband Bass. Diese Band ist aus dem Wacken-Universum nicht mehr wegzudenken. Sie kommen einfach immer wieder, egal ob das Konzert auf dem Acker, auf einem Schiff oder auf einer Insel stattfindet. Wie heißt die Combo?

a) Skyscraper
b) Skyline
c) Skyshark

10. Wacken ist eine Gemeinde, die sich in einem ziemlich nördlich gelegenen Landkreis Richtung Büsum befindet. In welchem?

a) Steinburg
b) Scherenberg
c) Papierdorf

11. Im November lief mit „Borowski und das unschuldige Kind von Wacken" ein Headbanger-Krimi mit zumindest dezentem Fremdschämfaktor. Wie viele Menschen schauten die Sonntagabendausstrahlung des „Tatortes" offiziell?

a) 6,66 Mio
b) 8,86 Mio
c) 84,08 Mio

12. Disney hat eine Maus, Metro-Goldwyn-Mayer einen Löwen und das Wacken Open Air einen skelettierten Büffelschädel im Logo. Und das aus gutem Grund. Aber welchem bloß?

a) Das dient als Hinweis auf die ländliche Umgebung
b) Das dient als Hinweis auf die vorzüglichen Burger auf dem Gelände
c) Blitze und (umgedrehte) Kreuze waren gerade aus

13. Manchmal ist es schwer zu glauben, aber die Gemeinde Wacken existiert unabhängig vom Open-Air auch noch. Welches Bild führt sie in ihrem offiziellen Wappen?

a) eine altertümliche Schnalle, der aussieht wie ein Frosch
b) einen Feuerwehrhelm, der aussieht wie ein Leguan
c) ein Schwert, das aussieht wie ein Zahnstocher

14. Der Verfasser dieser Zeilen stapfte 1997 zum ersten Mal auf den „Holy Ground“, frohen Mutes und mit einer gehörigen Portion Vorfreude. Welche Band war die erste, die er mit dem Betreten des Geländes sah?

a) Slayer
b) Dissection
c) Heino

15. Wacken findet jedes Jahr zum gleichen Termin statt, damit man es sich besser merken kann. Wann?

a) am ersten Wochenende im November
b) am ersten Wochenende im August
c) immer in der Walpurgisnacht

16. Wacken 2023 geht als Schlammkatastrophe in die Geschichte ein, über 20.000 Fans mit Karte konnten nicht auf das Gelände gelassen werden. Welche Band sagte ihren Auftritt aus logistischen Gründen schon vorher ab?

a) Anthrax
b) Iron Maiden
c) Dropkick Murphys

17. Wacken ist seit seinen Frühzeiten dafür bekannt, auch Bands/Künstler einzuladen, die nichts mit dem Rock- oder Metal-Genre zu tun haben. Irgendwer in der Booking-Abteilung muss eine spezielle Art von Humor besitzen. Wer spielte bisher noch nicht auf dem Wacken?

a) Heino
b) Marianne und Michael

c) Frog Bog Dosenband und die beschissenen Sechs

18. Da die Auswahl nicht unbegrenzt ist, kommen manche Bands, um nicht zu sagen: so ziemlich alle, im Laufe der Jahre mehrfach in Wacken vorbei. Welche Band erreichte als erste ihren zehnten. Auftritt auf dem Festival?

a) Saxon
b) Motörhead
c) Subway to Sally

19. Die Wacken Firefighters gehören als Fixpunkt zur Folklore des Festivals. Die musizierenden Feuerlöscher veröffentlichten sogar zwei Alben. Wie heißt der bis dato letzte Streich, der 2009 erschien?

a) Metal meets Brass – In the Beergarden
b) Mud and Fire and Streams of Beer
c) 666 Rockin' Trumpets

20. Wie eben erst erwähnt gibt es Bands, die schon zehnmal oder häufiger zu Gast auf dem W:O:A waren. Aber es gibt auch das genaue Gegenteil. Welche dieser Bands ist noch nie in Wacken aufgetreten?

a) Megadeth
b) Dissection
c) Metallica

21. Mitten in Wacken steht eine Kirche, die in verschiedenen Formen in die Veranstaltungen rund um das W:O:A eingebaut wird. Welchen offiziellen Namen trägt das 1861 geweihte Gemäuer?

a) Hail-Satan-äh-God-Kirche
b) Heiligen-Geist-Kirche
c) Rob-Halford-Kirche

22. Die Mini-Serie „Legend of Wacken" war Mitte 2023 ein kleiner Überraschungserfolg auf dem Bezahlsender RTL+. Welcher bekannte deutsche Schauspieler und Regisseur, der sowieso eine gewisse Ähnlichkeit mit dem Original aufweist, spielt hier die Rolle des Bauern Trede?

a) Sönke Wortmann
b) Doris Dörrie
c) Detlev Buck

23. Als eines der Wahrzeichen des Wacken Open Air hat sich das weithin sichtbare, zu Festivalzeiten mit einer riesigen Flagge behängte Silogebäude des Ortes entwickelt. Aber wem gehört eigentlich dieses Silo?

a) der Raiffeisenhauptgenossenschaft

b) Bauer Tredes Erben
c) allen Metal-Fans auf dieser Erde

24. Dokumentationen über Wacken gibt es wie Sand am Meer. Wie hieß die erste filmische Dokumentation, die bereits im Jahr 2000 über das Wacken Open Air veröffentlicht wurde?

a) Nordland
b) Full Metal Village
c) Metalheads

25. Seit einiger Zeit stechen Metal-Fans auf der „Full Metal Cruise" in See und schippern mit vielen Bands und noch mehr Bier an Bord durch die Gegend. Welche Stadt war die erste, die die „Mein Schiff 1" 2013 im Namen des Metal ansteuerte?

a) Southampton
b) Barcelona
c) Ulaanbaatar

26. Wacken-Bier gab es schon in verschiedenen Ausfertigungen und von verschiedenen Brauereien. Wer braute den 2006 und 2007 in Bügelflaschen erhältlichen Hopfentee?

a) Flensburger
b) Oettinger
c) Warsteiner

Quiz-Lösungen

1 c, 2 c, 3 c, 4 c, 5 b, 6 a, 7 c, 8 b, 9 b, 10 a, 11 b, 12 a, 13 a,
14 b, 15 b, 16 a, 17 b, 18 c, 19 a, 20 c, 21 b, 22 c, 23 a, 24 c, 25 a, 26 a

Zitate

„Our Mecca Is Called Wacken“

Der damalige *Rock-Hard*-Chefredakteur Götz Kühnemund ließ sich vor über 20 Jahren hinreißen.

„Da packen schon mal zwei barmherzige Menschen einen bewusstlosen Besucher, der in der prallen Augustsonne liegt, an Armen und Beinen und tragen ihn zu einem schattigen Plätzchen, damit er nicht im nächsten Jahr wegen Hautkrebs ausfällt – und sie vergessen auch nicht, ihm mit schwarzen Edding ein warnendes „Ich bin voll wie die Sau“ auf den freien Oberkörper zu malen.“

Journalist Frank Schäfer von der *Welt* weist auf das friedvolle Miteinander hin.

„Ich kenne viele Sammler, die jahrzehntelang mit viel Aufwand Einzelstücke zusammengetragen haben. Heute hat jeder mit einem Knopfdruck eine größere Sammlung. Das tut mir schon Leid für die Sammler.“

Thomas Jensen offenbart dem *Stern*, dass er offensichtlich kein Sammler ist.

„Fuck the Sun! Hail Satan!“

Der kanadische Rocker Danko Jones markiert bei starker Sonneneinstrahlung den dicken Mann.

„Es trinkt der Mensch, es säuft das Pferd. Beim Wacken Open Air ist es umgekehrt.“

Holger Hübner hat es nicht so mit dem Versmaß, spricht aber grundsätzlich Wahres.

„Hey, we are Motörhead. And you are not.“

Großmeister Lemmy spaziert um Mitternacht auf die Wacken-Bühne und haut mal eben die coolste Ansage der Welt raus.